從小學老師到創辦學校，不怕走彎路的教育人生

楊傳蓮——著

推薦專文

堅持初心，書寫自己的精彩人生

林智堅
新竹市市長

「對的人永遠都有答案，不對的人永遠都是問題」，我對書中的這一句話，印象相當深刻，因為在教育現場，傳蓮就是那位永遠都有答案的人。

在《不回頭的勇氣》的篇章之間，可以感受到，傳蓮受父親的影響深厚，讓她起了從事教育工作的初心，也因為這樣的初心，讓她一路走來，無論遇到什麼困難，都有不回頭的勇氣，堅持到底。

翻閱此書，能感受到傳蓮與她家人的情感，書中回憶小時候，父親將她抱在腿上，訴說以前讀師範體系時的故事，讓她從小耳濡目染而熟悉教育工作，並在她的心中，潛移默化的種下從事教育工作的種子。

不只這樣，文中同樣能感受到傳蓮在身為媽媽與從事公務工作角色中的兩難，就像書中提到的，孩子在學校校慶結束時跟她說，「媽媽，為什麼每次妳來我們學校都是在司令台上，為何沒來看我」，這樣的親身經歷，讓她體驗到孩子的成長不能錯過，職場光環是短暫的，孩子是永遠的，錯失了永遠不會再回來。

新竹市是一座幸福的兒童城市，十四歲以下的孩子佔總人口的18%，因此擔任市長之後，我最重視的就是教育工作。傳蓮是我擔任市長後任命的第一位教育處長，猶記得那時，我腦海中有好多教育願景要實現，無論是關埔國小、華德福設校，或者是田徑場改建，這些都是市民迫切需要的。

那個時候，她帶領教育處的同仁，與設計師們召開無數次的會議，有時她還會直接穿著高跟鞋到現場會勘，為的就是要做好規劃，向中央爭取經費，努力將我的教育願景，化為教育政策。

每一段經驗、旅程，都會為人生增添許多色彩，只要堅持初心，勇敢做出選擇，就會有不回頭的勇氣，寫下屬於自己的人生精彩故事。

推薦專文

不以成敗論英雄，重其居心

蔣偉民
前新北市政府教育局副局長、前新竹市政府教育處處長

胡適先生鼓勵有成就的人撰寫自傳外，自己也親手撰寫；只是我在想：傳蓮算是胡適之先生所謂的「有成就的人」嗎？

我本身也愛讀名人日記或自述，才從孔德成先生日記中：「終曰未出門，看《綱鑑》數葉中」猛省，他人之自傳，即自己之綱鑑。

傳蓮的這本《不回頭的勇氣》，對她而言，尚言之過早，但就如胡適先生的四十自述，記載着她前半生的精采人生，我從這本書看到了：

一、父親對她的影響以及父女間的深情互動：可以看到傳蓮的一切都是以不辱父母為出發點。

二、別人眼中的自己：傳蓮在書中描述我（看似冷

淡……），那我相信，傳蓮也希望知道她在我心目中是具有不服輸的意志和溫暖的心。

三、傳蓮拈出不要怕多做事，應勇於嘗試各種新工作。就使我憶起在新竹提議創設公立華德福的點滴，當你掌握了公共資源就要創意思考何者是對公眾有利的。

光是這三點，就符合了胡適之先生所說的：有成就的人的自傳。因為成就不在於功業，而在居心。

推薦專文

教育，成人之美

王政彥
國立高雄師範大學特聘教授兼副校長

有專業，才能創業，也才能成事業。

多元及跨域的教育，奠定了傳蓮的專業基礎。高等教育階段是個人紮根專業基礎的重要階段。從理工科系、多元文化教育研究所、成人教育研究所，以迄臺大EMBA，如此多元化及跨域化的教育經驗，是很難能可貴的全面專業養成。

雙重及交互檢證的教育，萌芽了傳蓮的創業素養。從教育理論到實務、從學校教育到教育行政、從地方政府到中央政府、從公部門到私部門、從正規教育到實驗教育，此等融合而不對立的珍貴教育體驗，孕育了創業所需的豐沃元素。

在地及國際教育的浸潤，開闢了傳蓮永續經營教育事業的蹊徑。曾在國內國小及大學的現場教學、在地學校與教育行政的實務，馴至以國際教育為特色的幼兒園辦學等豐富經驗；正如德國參訪的啟示，如此的直接體悟，讓教育事業的經營，更具有在地全球化的理念、願景及策略。

傳蓮透過自己卓越的教育參與及收穫，藉由辦學實踐了教育的成人之美。忝為博士班的指導教授，不僅教學相長，我也與有榮焉。也期勉傳蓮

持續成長，不斷成就他人，邁向成功之路。

推薦專文

擁抱理想與勇敢創新的教育人

溫儀詩
國立清華大學附設實驗小學校長

半年前，傳蓮向我提起要寫一本有關自己生命轉換歷程的書。當閱讀這本《不回頭的勇氣》的自傳，腦海中出現許多跟傳蓮共處的畫面。我所認識的傳蓮，是一位堅定、有用不完的活力、滿腦子新創思維與追求美感的女性，對於教育更是保有獨特想法，她是一位擁抱理想與勇敢創新的教育人。

這是一本極其豐富的書，傳蓮分享自己的成長經驗，慷慨提供她的生命故事，向我們敞開那醞釀在她內心深處的故事。她的努力、她的所愛、她曾面臨種種挑戰與必須承接的壓力。當時她是新竹市歷年來最年輕的教育處長，一上任就積極為新竹各級學校打造一個教育理想圖像。她信任教育人的彼此共識，並給予各校許多創新的空間；她激勵學校領導者能夠「勇敢去創新，走新的道路」，令學校端強烈感受到一股新的教育領導力，並讓各校隨著自己的文化，或快或慢的步調進行創新與改變。

之後，傳蓮選擇另一條教育道路，猶如在書中所談到的各種際遇，她誠摯地面對每一個階段的多元變異性，並活出這樣的生命典範：**放下過去，勇敢突破，活出自己**。然而我們常常因為慣性思維，或文化習常而執著於某些迷思與自我設限，對於迎接生命中的「必須改變」卻步或原地自轉。而傳蓮卻勇敢迎向生命中的新挑戰，她總是努力攀越一座又一座的大小高山，在高台上俯瞰寬闊平原上的美好風景。然而，她依然謙和圓融對待她生命中的人事物，這是我們可以學習與跨越生命的勇氣。

本書探討的不是勇敢女性議題，而是任何人都曾深深隱藏內心深處的微小聲音，她分享的是有關於夢想與願望。走筆至此，我明白傳蓮所說的勇敢，因為勇敢放下，勇敢做夢，讓夢想塑造了你我的獨特與豐富。恭喜傳蓮，優雅自在活出真正的自己，勇敢地擁抱自己，披上信心與毅力，勇敢走一條不一樣的路。

好評推薦

◎職涯轉換需要很大的勇氣與機緣，缺一不可，當下的每個決定會影響日後的生命曲線，近年為教育理念創辦學校，是這位當年青澀的教師無法想像的改變。觀察她在北市大認真豐富的教學準備，就能明瞭為何在這些轉變上她都能做得有聲有色，本書不僅是講改變，也是在談一份毅力與信念。

——臺北市立大學師資培育及職涯發展中心主任／劉述懿

◎一本教育省思自我突破的書籍。豐富的內涵裡，充滿人文關懷的熱情，無論是為人父母或教育工作者，看完這本描述教育人勇於突破現狀的書籍或許可以帶給你的生命或是對於教育有不同的省思與想法。

——教育廣播電臺臺長、前國教署署長／邱乾國

◎傳蓮出身教育世家，父親是國中退休校長，她的職涯發展，不斷蛻變、跨界，總是令人驚呼連連。

二十年左右的職涯當中，傳蓮就像拚命三郎一樣，不斷蛻變、跨界：念材料工程卻歷任國小教師，當了教師之後又借調教育部，繼而擔任課程督學，後又受邀擔任新竹市教育處處長，一直到前兩年離開私人教育集團卻又開始自行創業。她在不同領域中多方式嘗試，即使面臨種種困難與挑戰，至今卻始終保持高度熱情，令人好奇，是怎樣的成長經歷，是抱持著怎樣的價值與信念，才能支撐著這小妮子，讓她如此勇敢、不斷的拚搏。

這本書，或許提供了一些解答，推薦給您一起來閱讀，希望也能帶給您激勵生命的無限能量。

——教育部督學兼十二年國教新課綱推動專案辦公室執行祕書／吳林輝

◎這本書，像一部勵志電影，您可以在不同場景中看到不回頭的勇氣，來自於父親的身教、教育的本質初心，也來自於生命的不凡淬鍊，以及敢挑戰不確定性、不輕言放棄的創業家精神。

——桃園市政府教育局副局長／林威志

◎作者以「不回頭的勇氣」為題，正是代表教育人對教育志業的承擔與使命，同時也以自身教育的心路歷來描述，呈現教育人時時保持探索與反思的勇氣。本書呈現作者自己不管在任何場域、階段，都是以學生為中心的思考點，這也突顯教育人應有的教育愛及對教育核心價值的堅持。這本書值得讓教育行政機關及學校的所有人員細細品嘗，這有助於行政及教學人員彼此的融合與了解，也讓所有教育人回到當時投入教育的熱誠、初心，常常站在勿忘初衷的起始點，來提醒與鼓勵自己和其他人。

——新北市政府教育局副局長／劉明超

◎不回頭的勇氣，這句話用來形容昕傳思的創辦人傳蓮博士，實在是太貼切了。我與傳蓮同時間在臺灣的兩個不同縣市擔任教育處長，她的心思細膩，總為教育，努力的突破現狀，但教育的框架和束縛要能解決，並非短時間的問題。所以，殫精竭慮為教育，成為傳蓮當時的最佳寫照。

現在的她，為了教育理念的實踐，為自己、為他人、為需要教育系統協助的人，開創了更寬廣的一條路。同為教育人的我，著實敬佩她的勇敢不回頭。

——國立屏東大學教育行政研究所所長、前臺東縣政府教育處處長／劉鎮寧

◎閱讀著一個又一個敘說著傳蓮從小到大、從家庭到職場、從服務公門到產業界打拚的生命故事，彷彿打開一個又一個俄羅斯娃娃，每多讀一篇故事，就又發現一個形貌相似卻更立體與繽紛的傳蓮。而傳蓮經歷的這些生命經驗，與身處在同一個時代的我們，或許相近，卻存在著極大差異。我們都曾經有夢想，但傳蓮卻在同一個初心之下，讓夢想不斷的型變與長大，如同她在書上所說的「不要只看著眼前，你的影響力

也許遠比你自己想像的更大！」

——新竹市關埔國小校長／陳思玎

◎我認識楊傳蓮二十多年，看她在教育領域不斷自我挑戰，不斷轉換身份，唯一不變的是她對教育的熱誠與投入。本書是傳蓮在教育領域的實踐經驗與反思，每一階段的故事呈現她對教育議題的思考、困境、突破與成就，傳蓮用一種「不回頭的勇氣」來實踐她的教育初衷，令人感動與佩服。

——國立臺灣師範大學教育學系教授兼教務長／劉美慧

◎從本書可以體會傳蓮在不同角色對教育的定義及實踐，歷經學校老師、公部門主管，再轉換跑道進入私人教育事業，最後自行開創教育事業，本書傳達傳蓮對教育的熱情及細微觀察，是每位教育工作者都應學習的一課。

——國立臺灣大學工商管理系教授兼進修推廣學院副院長／郭佳瑋

◎傳蓮總讓我想到《愛麗絲夢遊仙境》中的一句話：「通常一個人只要夠快，就可以到達他想到的地方。但是，在這個理想仙境中，你要竭盡全力才能維持在原地；你想往前到達某個地方，你就要比竭盡全力還要快兩倍才有可能。」這句話讓我想起傳蓮達成夢想的努力、勇氣、與熱情，還有她所擁有的願景。傳蓮的勇氣讓她在嘗試人生的每一個角色時，都不只是自我的實現，對自己負責，更在每個角色上對許多人、教育信念負責。這本書會讓每個讀過的人在面對人生抉擇的時候，重新播下熱情、與勇氣的種子。

——國立臺灣師範大學英語系教授／劉宇挺

◎作者楊傳蓮是我指導學位論文的研究生中，最擅於時間管理的一位。她的跨域學習經驗及充滿挑戰的工作歷練，既展現其多樣才華的資質，更顯露她積極任事的特質。讀者從本書中還能看到她剛毅中溫和的女性教育人風範。

——國立高雄師範大學教育學系副教授／莊勝義

◎堅定不移的教育情懷透過貼切溫暖的故事娓娓道來，作者傳承了父親的教育大愛，創新與成長，奉獻著無私、永續的教育力量。教育需要多一些如作者般能集結聰明累積的智慧，同時有理想支撐、執著認真的傻子。

——西安曲江康橋學校校區校長／鍾鼎國

◎傳蓮是我這幾年重返校園在臺大EMBA認識的朋友，很榮幸我們是同班同學。傳蓮在班上話不多，但在班級活動上，她總是很願意主動付出，為同學出謀劃策，也很盡心盡力的為班級服務，在她這麼忙碌的情況下還願意如此付出，真的是很感謝她。傳蓮是一個極有想法，而且是落實理想的實踐者，才聽她說要開始創業為她熱愛的教育工作闖出一番天地，結果還沒畢業，她就已經落實了自己的理想，開設了學校，實現了她的承諾及理想。真的相當佩服她的執行力及效率，鼓勵了女性也可以因夢想而偉大，有夢最美，希望相隨。

——臺灣惠普資訊科技股份有限公司董事長暨總經理／王靜秀

◎很榮幸跟傳蓮是臺大EMBA同班同學，我所認識的傳蓮是一位極具魅力、智慧、且個性堅毅果敢、表現傑出的教育家。

外型看似柔弱嬌小的她，去爬大山、去跑步、去騎車、去運動、讓人感受到她散發出源源不斷的能量與自信，並見識到她對自我要求的高標準與剛毅不屈的勇氣。

她擔任過政府部門教育單位官員，她曾在國內最大規模教育集團擔任要職，她現在自行創業依然是在教育領域上努力，是什麼樣的熱情與勇氣去面對這麼多的困境與改變，她在《不回頭的勇氣》中有著許多令人敬佩的故事，值得大家關注與期待。

恭喜傳蓮，走出一條屬於自己的路。

——平安京茶事 Matcha One 創辦人／蘇崇文

◎二〇一八年我重返學校進修，參加在職專班（EMBA）課程，很幸運與傳蓮同班。我知道傳蓮在教育界工作，曾在新竹市政府教育處服務，後來在康軒集團任職，EMBA課程快結束前，得知傳蓮要創業辦學，同學都為她高興加油。

然而，從《不回頭的勇氣》書中，我才深刻了解傳蓮從小父親對她的影響，鼓舞她走上教育人的人生職涯，更從書中了解傳蓮的求學、公職生涯、進入私校服務，進而因緣際會走向創業辦學的心路歷程。書中穿插「愛．分享」的智慧小語，是作者分享人生體驗的用心安排，值得讀者細心品味。

我尤其欣賞書中傳蓮在二〇一三年到德國參訪的內容，描述德國人教育小孩的理念及方法，華德福實驗教育及彼得．彼得森體制的教育哲學，這是臺灣的教育體制可以深切思考學習的理念與哲學。

《不回頭的勇氣》是一本值得品嘗欣賞的作品，值得推薦給大家，同時，我們應該多多為在臺灣默默耕耘打拚的教育人鼓勵喝采，讓臺灣的教育制度更有活力與創意，為臺灣培育更幸福健康的下一代。

——華南銀行行政管理事業群副總經理／黃俊智

◎讀完此書，讓人感動於臺灣能有這樣出色以及能夠一生奉獻教育的人，在每一次看似人生高峰時，有轉換跑道的「勇氣」與「決心」，在短短十多年中，經歷過許多不同身分和人生歷練，成為台灣少數同時具有政務官、大學教授、學校機構創辦人經驗的女性，這是一本生動、豐富、真切的好書，是任何關心教育的人都應該閱讀的好書。

——生活市集共同創辦人／廖家欣

◎認識傳蓮是上天賜與的機緣，在她的身上看到她對教育的熱忱，對自己的要求，還有源源不絕對卓越的追求與努力。從公部門到民間集團，再到創校，走一條艱辛但意義不凡的道路，她的故事激勵我，相信也能感動所有關心教育你和妳！

——Funkids放小孩創辦人／王湘妤

◎「一個人可以走得很快，一群人可以走得更遠。」傳蓮就是有這樣的魅力可以感染身邊每一個人，只要聽她講述教育，你一定會被她的熱情及活力感動，深深覺得臺灣未來的教育充滿希望及遠景。你也可以從她的身上感受到她對教育深厚的理想及夢想，她想做的事情很多，但她築夢踏實，以堅韌的意志力及義無反顧的決心，朝著她心中理想的教育邁進。看完此書，相信你也會成為傳蓮邁向教育理想路上的同伴。不回頭的勇氣用來形容她，真是再貼切也不過。

——徐璽設計有限公司設計總監／徐璽

爸爸的話

傳蓮告訴我準備近期出版一本書，想要先徵求爸爸的意見。我聽到這件事的當下，真是喜出望外而百感交集。許多感觸在我腦海中一一浮現，至於要徵求我的意見，我想傳蓮思慮細密，任何工作都考慮周到，就開始動筆吧。

傳蓮性格堅強，再難的工作也要努力完成，絕不依靠別人。同時她也有抱負、有理想、肯上進、敢冒險。她五歲的時候，在幼兒園學習，看到一位小朋友被兩三位同學欺負，她非常生氣，氣到直接拿了書包就回家不讀了，要走之前告訴那幾位小朋友，「你們再這樣，我會告訴老師和父母的，」由此可以看出她的個性。

傳蓮大學畢業後，考入新竹市國小代課服務，在很快的時間內有效率地完成碩士和博士學位。她非常孝順

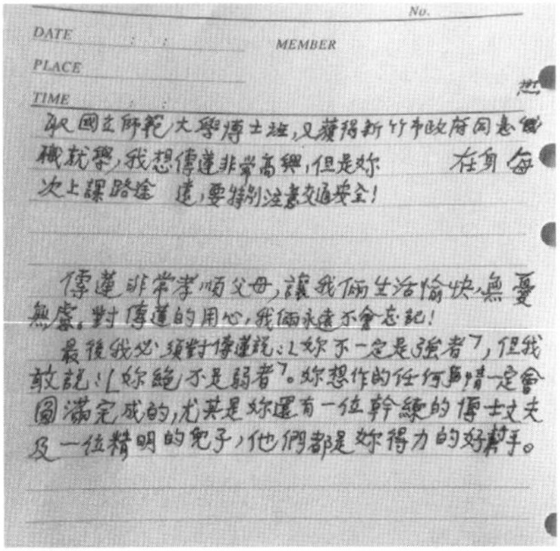
考

取國立師範大學博士班，又獲得新竹市政府同意留職就學，我想傳蓮非常高興，但是妳 在身 每次上課路途 遠，要特別注意交通安全！

傳蓮非常孝順父母，讓我倆生活愉快、無憂無慮。對傳蓮的用心，我倆永遠不會忘記！

最後我必須對傳蓮說：「妳不一定是強者」，但我敢說：「妳絕不是弱者」。妳想作的任何事情一定會圓滿完成的，尤其是妳還有一位幹練的博士丈夫及一位精明的兒子，他們都是妳得力的好幫手。

爸爸寫給傳蓮的手稿。

父母，讓我們兩老生活無虞，我們永遠不會忘記她的用心。

最後我必須對傳蓮說：「妳不一定是強者，」但我敢說：「妳絕不是弱者，妳想做的任何事情一定會圓滿完成的，尤其還有支持的家人陪伴，他們和我都會是支持你一輩子的人。」

目錄

推薦專文——堅持初心，書寫自己的精彩人生／林智堅 7
推薦專文——不以成敗論英雄，重其居心／蔣偉民 9
推薦專文——教育，成人之美／王政彥 11
推薦專文——擁抱理想與勇敢創新的教育人／溫儀詩 13
好評推薦 15
爸爸的話 26
作者序——我們一起走過彎路 32

第一部 莫忘初心——我之所以為我 35

追隨著父親的背影成長，跟著師長和前輩們的腳步茁壯，
我成為今日勇往直前、走在教育這條路上的我。

父親、我與小Mo 36
爸爸的便當 43
老師與教育界前輩教我的事，……以及忘了說的事（上） 46
老師與教育界前輩教我的事，……以及忘了說的事（下） 50

潛變概念 58
峰迴路轉又一村 62
抉擇的關鍵 65
不回頭的第一件事 73

第二部 學習進行式──產官學界的經歷與經驗 81

我在教育界的各個領域中實踐與學習著，時而為老師，時而為學生，教學相長不只是口號，而是人生的實踐。

學，然後知不足 82
教書沒有你想得那麼容易 86
試錯的勇氣 89
教育部見聞①：馬祖的震撼 91
教育部見聞②：中央與地方的規劃差距 96
教育部見聞③：偏鄉教育經驗 101
德國參訪，種下了一顆種子 109

取法乎外的實驗教育 115
私立教育集團的學習與角色轉換 121
在師培中心教學相長 126
陪伴孩子走過那一段路 133
老師的角色 136
我們讓孩子看到哪種背影？ 144
素養學習如何接地氣？ 149
科技運用於教學學習的斷層或迷思？ 152
不是第二選擇 156
文化體驗成為養分 159
畢業典禮的制服 162
自我挑戰 164

第三部 堅持與改變——我之所以為我 169

身為教育人的堅持不敢稍有或忘，因為那是我們的理念。
對的人永遠都有答案，因為我們明白唯有行動才能實踐夢想。

創業辦學之必然與偶然 170
從我的幼兒園開始改變 174
最重要的事 177
辦學的堅持 180
辦學面面觀 187
對的人永遠都有答案，不對的人永遠都是問題 193
學以致用的驗證 196
不曾忘記自己的文化根源，但更想實踐理念 199
每個人多為孩子做一點，教育會更好 202
兩岸的差異 205
唯有前進才不怕被追趕 207
結語 213
附錄：大陸辦學點滴，文化認知停看聽 215

作者序

我們一起走過彎路

寫這本書的過程好似心中有架小放映機，把這數十年的生活翻攪出來，有的好模糊、有的好清晰，苦樂酸甜，各種滋味都有。

很幸運的是，一路上不時都剛剛好出現伸出援手的有緣人，長官、同學、朋友和親人們，他們會在不同的路口等我，一條迤邐彎曲上上下下的路，總有一位還未揭開面紗的有緣人在石子路、轉彎角、泥濘路或跋山涉水時攙扶一把，陪著我走一段。而我，只是把真實的發生化為故事和大眾分享。

有夥伴說，「這段路有好多夢想、堅持、勇氣，而我們都是陪跑員，要和妳一起勇敢的跑下去，可是妳到底會跑到哪裡啊？」這個問題，說實話，我自己也尚未有答案。

第一次的全家福，
攝於蘇澳。

社會有意無意教了我們很多事，教育事也只為其一，所有人都於其中，也網絡緊密。二〇二〇年的新冠病毒讓世界變了，目前仍持續蔓延，因此人生沒有絕對的事情，只有活在當下、活得有存在感、活得有價值、活得正向，才能無所畏懼……。

謝謝夥伴們一路陪伴相隨，因為有你們的熱情、無私，讓這社會美好、看到勇敢的希望……。

獻給我的父母，因為你們的教養與陪伴，讓我成為這樣的自己……。

第一部

莫忘初心

我之所以為我

追隨著父親的背影成長，
跟著師長和前輩們的腳步茁壯，
我成為今日勇往直前、
走在教育這條路上的我。

父親、我與小Mo

許多朋友問起為什麼以往從來不用臉書的我，最近開始上？這是因為最近半年來父親身體急劇退化，我希望有點什麼可以留給他。每次只要想到父親可能會有一天不在我旁邊，眼淚很像水龍頭般開始流個不停。

父母分享成長史，孩子的記憶永遠會在

從小，父親就常把我抱在腿上，說著他以前在大陸念師範體系的過程和流亡學生的經歷，當時懵懵懂懂，就當成是聽爸爸說故事吧。

印象中，我三、四歲開始，他便很喜歡帶我去參加教育人員聚餐，席上總是要我拿著茶敬在座的每一位老師，因此我自小就對教育界充滿熟悉感。

父親在我幼小時常跟我說起小時候的故事，我兒時

1999年父親於三民國中校長任內退休。

也總是跟在父親身旁，拉著他的大手，聽他敘說他童年時的生活情境和期望，生活的好與不好都呈現出其真實面，也讓我打小就能感受到父親的愛與關懷。

了解也理解我的父親

父親很了解我。他從我小時候就看出我的個性很不一樣，不喜歡的事物態度很明顯，比如不喜歡照相，八個月就表現出來了，只要看到相機就大哭，到現在仍然不太喜歡上鏡頭，也不喜歡被拍照的感覺，非不得已不大露臉。

爸爸還說我從小就很有正義感。他說我念幼兒園的第一或第二週就逃學了，因為幼兒園對待特殊生跟一般生的態度有落差。我當時很不喜歡這所學校，走過長長幾公里路，回家躲在廁所。那是一所天主教學校，修女來找我，但我打死不出來，後來父親沒轍，只好說，「好，那你就不要念了！」

我跟著爸爸在花蓮上國中時，有一次，晚上有蚊子，因為當時我還不會用火柴或打火機，點蚊香就異常困難，於是半夜起來找爸爸幫忙。父親可能是因為沉睡中被我叫醒而火大，臭罵我一頓後繼續睡，但我至今都還記得自己半夜哭得淅瀝嘩啦。這是因為我在乎爸爸對自己的呵護，而產生了期待落差，對情緒打擊特別深。

父親彎特別的一點是，對於女生多讀書這件事的看法。他在我二十歲時跟我說：「多讀點書是培養我們識人的能力，和挑伴侶的能力，也會減少自己很多風險。」這是一個愛護女兒的父親的真心話。

孩子的成長不能錯過

父親因為職業的關係長年在外縣市工作，由媽媽照顧家中三個小孩。父親很努力，別人都認為他無論任職校長或教育官員，都是一個很了不起的人，而他自己曾經跟我講過，說他疏忽了陪伴我和我兩個哥哥。哥哥們做重大生涯規劃決定的時候，他往往不在旁邊，我母親也很辛苦，因為他在外時，只有媽媽照顧我們三個孩子，一個小孩就夠累了，遑論有三個。

這些事情對我其實有影響。我最近十年間非常忙碌，我的孩子從五歲到小四這段時間，我的記憶幾乎空白，因為都在公務部門忙碌。我兒子小四的時候，我因公去參加他學校的校慶活動，校慶結束後，他跟我說：「媽媽，為什麼我每次看到你來我們學校，你都是在臺上，都沒有來看我？」有一次，我帶他去參加一個活動，朋友問他幾年級了？我回答：「小朋友小三囉！」我兒子拉拉我的衣服說：「媽媽，我小四了啦。」

我先生也發生過同樣的事。有次他去參加學校校慶，結果去班上找不到孩子，搞了半天是他弄錯班級。我的先生曾經跟我講過一件事：「你爸爸在當官那個時期很少陪伴孩子，你看到的就是你哥哥現在的情況，要告誡自己不要再走同樣的路。」這件事情讓我想到的是，在職場位置上可能要加上一些考量：因為職場光**環是短暫的，孩子是永遠的，錯失了永遠不會再回來**。

我現在常常抓著孩子說：「你怎麼一下長這麼大了？」好像兩天沒看到他，就覺得他又長了三公分，一轉眼，他已經八年級了。為人父母的常常會說自己很忙，沒有時間陪伴孩子，但是就我自己的親身經驗，忽略陪伴孩子成長要付出的代價真的太大了。

爺爺與小MO

有天晚上回家，小MO衝過來找我，說家中瓦斯剛正燒著，讓我也一陣緊張。原來是爸爸擔心我晚歸辛苦，先把火鍋熱著，不過他也才剛打開。但是小MO怕爺爺記性不好忘了，跟爺爺說：「你有時會東忘西忘，很有可能忘了關瓦斯，後果很可怕的（我只能說小MO有危機意識……）！」

這時只看到父親很落寞的走開，坐回沙發上，一言不發，感覺像是很懊惱的認為自己老了，增加家人的困擾。

其實只要減少讓老人家單獨開瓦斯使用的機會，說明有需要再請他們幫忙就好。重要的是，也要指導孩子跟長輩相處的態度，因為我們也都會老……。

於是我發了一則短訊給小MO：

爺爺已經八十八歲了，陪伴和照顧我們已數十年，從小他視你如寶，你哭了趕緊來抱你，你嬰兒時幫你拍嗝的多是爺爺，小時候爸媽忙，都是爺爺帶你看醫生、打預防針和接送你上下學！

他總是愛牽著你的小手，逗你呵呵笑，也以你為榮，逢人就笑笑說，這是我外孫，更彌補了爸媽因忙碌對你的照護不足！

人都會老，你我都是……爺爺會比你我都早去另一處，在這之前我們要設法讓他開心，小MO做得到嗎？

在社會上看一人的品性，其中一點也是最重要的一點就是孝順，這也是媽咪想要教你的重要事之一，我們對人的情感是可貴的，尤其是親人長輩……

愛。分享

父母要在孩子小時候多陪伴他們，因為錯過孩子的成長時光，永遠無法彌補；孩子也永遠會記得，自己因為父母責罵而悲傷的往事。對長輩也一樣，我們陪伴他們的時間同樣有限，不要忽略了而追悔不及。

爸爸的便當

我念小學的時候，爸爸在花蓮當督學，那時我都會去陪爸爸過暑假。有一次爸爸要去銅門鄉的學校督導，我看到他帶著一個鐵盒便當。

我問爸爸：「你帶這個便當幹嘛？」

他說：「因為我不接受別人請我吃中飯。」

之後他換了公務行政職位時，特別叮囑在臺北的家人，如果有任何人來家裡送東西，全家都不可以收。

兩顆水煮蛋

我還記得小學三年級陪爸爸去花蓮過暑假，那是第一次自己獨自坐火車返回臺北，所以相當緊張。上車前，爸爸跟我說：「來，我們家沒有錢買便當哦！」然後給我一包東西說：「到了火車站，再拿出來吃。」後

2020年11月，父親參加教育生涯第一所創立的富禮國中校慶。

來我拿出來一看，原來是兩顆水煮蛋。他說不是為了減肥，而是可以省下費用，把錢用在家人身上。他的生活很簡單，早上只吃些麥片，車子開了幾十年沒換過，所有東西堪用就繼續用。

我從小就是這麼看著他怎麼做事並保有公務員的清廉。

有一次在市議會備詢時，有個議員質詢說，「你是不是圖利廠商」的時候，我真的火大到想要告他，因為收賄或貪污是我的家風不許可，不可能發生的事。

我一直走著跟父親差不多的路，以前一直認為這輩子最後的目標就是像他一樣當校長，但因緣際會，每一次轉折就走到另一個位置去。我在父親身上看到幾個影響我的關鍵要素：清廉、風範，以及他對教育的投入，

2020年父親參加光武國中校慶。

一直默默的在走這條路，卻擁有歸屬感。這些事一直導引著我，即使走過岔路當了證券營業員，最後卻仍走回來教育之途。

愛。分享

對有公義守法的公務人員而言，可以說做錯事要檢討，但是不能說我們不清廉。

老師與教育界前輩教我的事，……以及忘了說的事（上）

人在不同位置，面對的結構問題也不同。倘若一年前和一年後的自己心理都沒有改變，那麼成長的是什麼？年底回顧時，你是什麼樣的輪廓？

結構面和現場面的協作

能考慮到所有周邊因素，思想的格局就截然不同，我回頭去聽自己二〇一六年的訪談錄音，受訪時的想法和二〇二一年的自己是不一樣的。如果主動選擇居於何種位置，就該具有那個位置所需的裝備。在我們較全面地看待教育或社會環境的時候就會發現，相較於在教育政治層面，課程與教學是最單純也最幸福的。

有兩位校長影響我在教育界的歷程，他們的陪伴也讓我獲益匪淺。第一位是我當時服務的新竹市陽光國小

2001年陽光國小教師群於體育館前合影。

校長、目前為新竹市關埔國小校長的陳思玎，她總是讓人樂於信任並給人安全感，也常常以其專業帶領縣市課程教學團隊面對教育改革。思玎校長跟我不僅有工作上的默契，她也很有行政和溝通天分，說出來的話總能打動我們這些老師和學校行政人員。

另一位是創辦陽光國小的林碧霞校長，她在二〇〇〇年跟當時初任老師的我們分享了一件事：不是每個人都貪戀校長的這個位置，她是因為擔任校長可以幫助更多老師和學生，所以願意擔任這個職務，因此，願意身負重責大任的初始之心都很可貴。

跳入問題之境才有解決它的可能

很多的推展牽涉到目標跟方向，唯有拿到一些資源和計畫，才有機會跟其他單位跨部門或上下溝通，也才能真正改變一些事情。我們往往沒有辦法去改變制度、架構和結構的問題，但唯有跳入這個制度之中，或許才有改變它的機會，這就是選擇。

但無論到哪個位置，永遠要記得在教學第一線時的開心、幸福和單純，看到學生因為我們的付出而邁向改變和成長，但首先我們要先相信可以轉變，才能看得見成長。

教育政策推動是由所謂的三級運作：教育部、縣市教育局處和學校，我很幸運，在三個階級中皆有服務經驗而有深刻體會：中央制定政策之後要如何看到向下發展的結果；在縣市行政上，則因為地方文化和各種變數而產生現況的許多難處和難解。

在我的工作經歷中，我看到教育實踐的網絡形成相關單位的合作夥伴關係，更注意到無論是中央或地方政府都需要逐漸提升自身治理能力，更需要重新界定在治理過程中，本身所應擔負的任務角色和具備的能力，以及如何與其他組織互動；如何建立權力與資源互賴、開放與區域合作為政府面臨的重大挑戰。

愛。分享

保有願意肩擔重責大任的初心最是難能可貴，但教學的快樂也讓我們能持續對教育的熱情。

老師與教育界前輩教我的事，……以及忘了說的事（下）

在花蓮就讀國中時，班級導師林美蓮老師教國文科，她不是傳統師範體系出身，而是後來去進修師大學分班。她不用傳統方法教課，比如在教國文、地理和帶班時，很少用罵的，幾乎都是跟學生用討論的方式。在我整個國中之前的求學階段，林美蓮老師的教學方式和她帶領學生的方法，最令我印象深刻。

林老師非常擅用她與生俱來的板書和繪圖能力，教地理時把所有山川脈絡畫得很清楚，與現在的地理教學只是呈現平面或多媒體的感受顯然不同，加深了我們的理解和印象，可見有些教學基本功還是重要的。

此外，她常常分享求學路上的轉折和經驗，總是很有自信的告訴我們這路途上的美好與困難，傳達只要勇敢都不是最大困難。

教育工作者特質之一為除錯，但林老師不只如此，還帶著我們思考不再重蹈覆轍的方法，不簡化眼前的現實，而是用敢於面對所有矛盾的態度來指導我們。

國中畢業時，我沒有參加畢業典禮，而是跟另外一個好同學在畢業典禮前一個月，兩個人去補習班補了一個月，因為我們覺得用這樣的方法去準備當時的聯考更有效益。

可惜的是，這幾年我在網路上找不到林老師，應該要回去問問學校。學生能回去找老師是對教育人員很大的鼓勵！

第一個轉捩點

二〇〇〇年，我進入新竹市東門國小服務，當時擔任資優班老師。某一天四點多放學時間，學生們拎著書包要走出教室時，我在教室後面叮嚀學生，看著學生們放學時間背著書包走來走去，我的腦中突然浮現一個情景：每一年的學生都會出現這個場景，他們的人生跟他們的各個階段都還未知、是很有希望的，但是我如果不思考自己的未來要如何改變，那麼十年後，我可能還是坐在這裡看學生放學。

於是，我當下做了一個決定：繼續念博士班。後來我果真在二〇〇八年取得教育博士學位，這是我在教育服務上的第一個轉捩點。

從教育現場到教育部

二〇〇一年，我調到陽光國小服務，當時的主任、後來的校長陳思玎，是我在那階段教學現場的主管與好夥伴。

二〇〇九年，當時思玎校長已經從主任職務擢升到校長，既是我的主管又像朋友的她，總能讓我很安心的跟她坦承在行政任務上的瓶頸和難以發揮之處，好比當年考主任甄選時，礙於市府作業提前了一個多月，以致我的年資剛好差了一個月而無法報考，但一等要兩三年，且當時的職務已經沒有可內部調動的缺，這件事真的讓我好生沮喪。我了解自己，明白必須要有新能量注入，才能安撫我這顆渴望突破的心。

我問思玎校長：「有沒有可能借調？」

她說：「那就借調到市府。」

原本借調到市府的相關事宜都已經談好，但就在借調前一個月突然有了變數，原本要歸建的人不歸建了。知道這件事之後，我比上次無法參加甄選更加沮喪，真的很難說服自己不在意。但思玎校長告訴我這個情況之後，接著跟我說：「沒關係，那就去教育部吧！」我心想，「怎麼可能？」

校長說：「我來問問看教育部，有沒有需要借調老師。」

果然在一週後，教育部先要了我的履歷，接下來我就收到面試通知。思玎校長是讓我整個人生轉變的第一人，是第一位在個人公務教育階段提攜我的重要人物，更是我的教育生涯中從學校現場轉換到教育部的關鍵人物。

公文不只是公文，而是政策的代表

借調教育部的第一個月，我極度不適應。從學校現場突然拉升到縣市局處已經感受很不一樣了，更何況現在是直接到中央部會呢？我自己的內心充滿衝突和質疑。千萬不要以為公務員體系都是慢慢來，實際上，教育部和縣市教育局處的節奏很快，因為全國和縣市事務多如牛毛。

晚上九點往臺大醫院旁的聯合辦公大樓南棟望去，十三、十四樓的教育部經常還燈一片亮，顯示大家都仍在奮戰。後來回到縣市政府之後，教育局處常常也是晚上八點多仍有同仁在崗。

我很慶幸在教育部期間，有位吳長官一直鼓勵我，教導我看待事務的角度，指導我處理事務的邏輯。到教育部的第一年，他看到我的不適應曾說，「你唷，就像誤闖叢林的小白兔，不知外面的複雜。」數年後和這位長官在公館吃飯，我問他：「你現在還會講我是小白兔嗎？應該是灰兔了吧！」我自認還是保有單純，但毛髮顏色變髒了，聞言後他頓時大笑不已。

在部裡的第二或第三個禮拜，我因不諳公文書寫，一直被長官退回修改，這時才體會出即使有博士學位，也跟會寫公文沒有絕對關係，更沒啥了不起，文官基礎訓練真是術業有專攻。當時只覺得自己很笨，尤其我每天要搭乘高鐵往返新竹臺北，二〇〇九到二〇一一年整整兩年，早出晚歸，無論在體力和金錢上都投注很多「學費」，前期偶爾會自我質疑這樣做到底值不值得？

公文一般會先送給專門委員批核，有時承辦人會被問及原委。某天一份業務公文被邱長官叫去了解，專委看出我有點不安和沮喪，我只好一五一十地說出自己的沮喪和抱怨。這時他跟我說：「傳蓮，你不要以為這只是張公文紙，但是裡面寫的內容跟出去的文字，是要讓縣市政府的同仁了解國家的政策和作法，這張公文就是關鍵。你要體認到現在做的事情是關係全國教育的重要事情。」

那一瞬間，我的後腦勺很像被巴了一巴掌似的，公文這看似簡單的事其實很不簡單，其意義在這裡。科長認真批改公文的其中一個目的，為的是讓這個政策可以完整下達各縣市，並非只是修改文字而已。長官的提醒有如當頭棒喝，讓我自覺責任重大，突然開了竅，開始不執著而認真且虛心學習。

跨部門溝通的重要性

二十多歲第一年教書時，我和父親在餐廳用餐巧遇蔣偉民處長（後來我們都稱呼他

「蔣公」），結帳離開時，他因為與父親的因緣而幫我們結了帳。後來幾次拜訪新北市政府其他單位時，他都願意撥空跟我見面，他就是一個這樣的長官：看似淡漠，其實很有自己的一套與人相處和行政事務的哲理。

很謝謝蔣公的信任和授權，在他的指導下，兩年多的縣市經驗中，陸續完成了幾件課程與教學的任務。期間曾碰到因審查而被投訴的案件，他仍舊很挺我。我跟他闡述自己努力為了縣市向中央爭取經費，卻因為審查通過和不通過案件被認為不公而遭投訴，說明的過程中，邊講著心中的委屈，也難掩傷心而差點流淚失控，甚至覺得自己為何要雞婆做這件事。

他說：「對呀，我們都是好意做這些事情，但是你要想，委員來審計畫，他建議了可以這樣給經費，或是誰可以通過，可是最後你仍然要整體考量，這個計畫是鼓勵性質，還是嚴格審查制？作為教育局處人員所要考量的，和審查委員絕對不同，因為要面對的人事物太多了。」

後來我在做任何公務決策時，總會想起這幾句話，思考「為何？原因？結果？影響？」再回想起在教育部服務，處理全國縣市海洋教育經費審查計畫，因為這個案子被叫到部長室，部長在整體了解狀況後，也講過類似的話，**原來人總在深刻體驗後才能回想起舊經驗**。在教育部這兩年，專門委員也指導我如何跟會計部門溝通、協商，很感謝部裡長官的教導，因為這些累積，才有今日的我。

愛。分享

不要只看著眼前，你的影響力也許遠比你自己想像得更大！

潛變概念

二十到二十三歲時，我在金石堂書店打工，因而那段期間有機會大量閱讀。

當時的我常常看著排行榜上的暢銷書，文學類、非文學類的，觀察習得哪些書會有人閱讀、作者的特質……，也了解書的擺放位置與銷售有相當大的關係。因為打工之故，所以我作為店員也需要閱讀，尤其是新書，這對書店員工是基本的專業底線，每週大量借閱書籍成為我這段時間很重要的陪伴。

但現今常常接觸多媒體，大腦已漸漸習慣這樣的學習模式，自覺看完一本書後的沉靜和思考力已不同於以往。

但由別人的人生經驗、經歷和看法建立學習遷移至自己的生活，就必須不斷咀嚼思考，漸漸紮根內化，但這其中也需要體驗頓悟來做為驗證，方能成為自己的文化、甚至經濟資本。

書中自有黃金屋

國中時，因為有人贈送爸爸《我們的》雜誌，我也就跟著看了一年。《我們的》雜誌類似現在的《商業周刊》，回想起來，奇妙的是，我一個國中生居然有耐心閱讀這類商管雜誌。

這本雜誌幾乎沒有敘寫教育相關的文章，內容主要是企業管理、領導動機的想法。事過境遷幾十年，其中的內容確實影響我日後頗鉅，包括後來從事教育、投資、理財跟辦學校，例如十九歲就會去購買基金，之後離開公部門後去念EMBA，一點也不會覺得陌生。如今投資理財也納入了課綱，現場老師要教授得好，也著實考驗社群備課和教學者自身的概念。

在教學現場的我們如何教導學子看待人生未來的二十年，真的不是一件簡單的事，因為教授者也常常不知未來會如何。必須要向前廣泛的探索和學習才有開拓的可能，因為人生永遠不知道有多少的可能，但我們要先裝備好以面對或創造可能。因此，以我個人的經驗來看，嘗試讓國高中生閱讀管理或勵志書籍有其必要性。

在閱讀的書籍當中，《孫運璿傳》是目前唯一一本讓我邊看邊哭的書籍，當時約莫是十六、七歲。會哭是因為我感佩怎麼會有這樣無私的政府官員，也讚嘆因為時代而造就了一些有這樣風骨、胸襟跟高度格局的人。第二點是因為父親跟孫運璿先生好像，我似乎看到了另一種為國為民的樣貌。

書中提到孫先生的清廉和為國家全心投入的無私胸襟，尤其是敘寫他在國家十大建設開疆闢土和整合所有資源和創造資源過程中的無私奉獻，在在令人敬佩。一直到現在，我仍對他身為公務人員和政治人物，對於責任、應有的高度使命深感崇敬，也影響我在公部門的作為。

愛。分享

國家公眾的任務應該置於各事各物之前，我們不該忘卻保家衛民的責任和對為國做事者的支持，對於曾經奉獻的人要給予最高的支持和尊重，這是一種國家社會教導的態度、更是高度格局和認同。

峰迴路轉又一村

我自小個性叛逆，到大學依舊如此。念完理工相關科系後，因為大學時的理財經驗，我選擇先進入富邦集團當證券營業員。大概做了半年之後，便發覺自己心中對教育依然有憧憬，於是就想考國小師資班，沒想到，這個教育轉折之路走得異常辛苦。

轉教育的失敗經驗

第一次沒考上，接著我又一次差了一分沒考上，這在我的求學考試道路上算是很大的打擊，以致我突然開始否定自己，想著走這條路為何如此難。

人生總會有人適時的一句話影響了你一輩子，我也是如此。當時的學長男友跟我說：「如果你確認要走教育的路，一條同樣的路試了兩次無緣，要思考的是，或許不是只有課後師資班這條路，因為競爭者眾，你有沒有想過去考教育研究所？」考教育研究所倒是我從來沒想過的路，雖然當時我們感情不佳，他這句話倒是讓我聽進去了。

他接著說：「考上教育研究所後，修教育學程的機會可能會比較大。」

這次經驗讓我學到的是，面對沮喪挫折時，要冷靜思考未來，並且要運用策略，設法達到預定的目標。我們要能換腦袋思考，要堅持而非執著。人生當中，經常會設立一個目標，近程也好，中長程也好，有時要懂得為達目標必須適時轉彎。

這也是我學習到的一點：堅持跟執著，兩者意思不大相同。狹隘的執著就是很固執、僵化，但堅持是雖然執著某些理念、信仰跟哲學，但為了要達成目標，卻採用了不同的方法與路徑。看似結果相同，但是一路上學到、看到的風景，卻完全不一樣。在這個過程當中，或許有時候因為轉彎而學到更多也不一定。

山間小路的形成總有第一人踏出步伐，路是人走出來的，但絕不要貪圖捷徑。此外，無論大彎或小彎都無須擔心，適時的轉彎，只要不偏離夢想都好。而且，誰說最晚起跑的就會是輸家呢？晚起頭的也許在後面看到更多更好的風景也不一定。

或許轉彎確實多繞了點路，卻可能多看到不一樣的事物，多遇到些不同的人，這些人事物會帶給你新的啟發。即使最後走的路不是想要的那個終極目標，也都是一種過程，所以我覺得多繞點路就可以多看到些不一樣的人生，不要嫌棄、不要固執己見一定要走直路。這兩次考試的挫敗讓我得到更多，是我人生中很重要的轉彎經驗。

愛。分享

多繞點路也沒關係，因為你看見了不一樣的風景，只要不偏離夢想，轉個彎也許是好事。

抉擇的關鍵

經過教育部借調之後，想想這兩三年的人事時地物，我認為還是有很大的變化。回任之後，我的認知不一樣了，跟別人在情感上交流溝通的方式也不同了。真的只要改變一個因素，做事的方式都要跟著調整。

轉職的想法

轉任不同職務的時候，我的家人從來不曾反對，給我的都是滿滿的鼓勵。

二〇〇九年借調去教育部的時候，我搭高鐵通勤了兩年，兩年後就回到自己原本所屬的借調縣市。第二次比較大的職務異動是林智堅市長任內，他邀請我去當教育處長。我問了家中的關鍵人物，一個是我父親，另一個是我先生，讓我覺得很訝異的是，雖然是政務官，但他們兩個人都叫我去接這個職務。我並不是個貪圖權力的人，只想要認真做好教育這件事，但是當時父親跟我講了一句話：「不試，怎麼知道你有沒有機會改變這個教育現況？」

但我跟爸爸和先生說，我不是用「試」這個想法去接這個位置，去了就要真的做一些事，因為我熟悉這個縣市，如果看到有一些可以發展得更好的地方，因為我比別人更了解這個縣市，那麼我就是該做。準備離開的時候，家人也全然沒有任何意見，就是全心全意支持，這點我很感恩。

到底哪來的勇氣？

不知那年那時的自己，哪來這樣超大的勇氣去參加教育處長甄選？那一年縣市長選舉之後，新竹市政府有好多的新措施和新人，有好多的新開始。當時我已經在教育處待了三年，而市府在教育處長懸缺近四個月之後，林市長決定以公開甄選方式網羅優秀人才。

有一天，某位市府同仁問我是否有意願參加甄選？當時的我以為他在開玩笑而笑了好

2015年新竹市香山區華德福中小學工程現勘。

久，最後笑著回說會回家跟家人討論。出我意表的是父親和先生居然鼓勵我去試試，他們倆都說：「去試啊！不做不知道未來，倘若真想為這個縣市努力，這是個機會，要是結果不盡人意，就是朝向校長之路前進。」這段準備處長甄選的過程中，我真的異常興奮，因為腦中浮現了好多對教育的未來圖像。

甄選完後幾週一直遲未公布處長人選，直到某天我被林市長請去市長室，市長告訴我：「您在六個甄選人員中分數最高，但是在討論的過程中，大家意見有點不一樣。」有兩個委員有不同面向的考量，委員們給了市長幾點考量的建議：「教育是重視倫理輩分的，首先是傳蓮太年輕；二則她是從自己縣市出來的人拔擢，而且是從原來的教育處拔擢上來的，別人服不服她也是要考

2015年新竹市虎林棒球場現勘說明。

慮的，這點跟外部來的不同。市長也很年輕，但您是民選的，有民意的支持基礎，她是你們團隊選的，要由您承擔風險，建議還是另外找其他人選。」

感謝林市長那天下午跟我述說這些考量，讓我看到作為縣市首長的為難和衡酌面向，但他最後還是決定大膽任用我這個初生之犢不畏虎的教育人員。我擔任這個職務的過程，對市長是一大挑戰，尤其關心教育的人非常多，要面臨的各方壓力不小。回想起來，我當時在許多方面準備仍不足，承受壓力的情緒，面對各方意見的回應等都還有改進的空間。很謝謝林市長當時的勇氣，也感謝他看見我的潛質，因為這個職務的歷練而讓我全面脫胎換骨。

踏入業界，展開不一樣的職涯

二〇一六年，因健康和家庭因素自處長職務退下來之後，我休息了段時間，原本打算去上海、澳門發展或教書，因為心中已經確定自己不會歸建，畢竟自二〇〇九年借調已經七年了，倘若歸建回到國小，恐怕這七年期間的所見所聞將無從發揮。

就在此時，康軒集團的邀請讓我正式進入業界。以往在公部門時，我也曾參與籌備學校工程進度稽核和工程招標，但在這裡更看到了私人集團辦校的過程和積極，因為每拖一天都是在燒錢，跟著李董事長、集團長們在創辦學校過程，不只是觀察，連聆聽都是學習，尤其工程進行中的各種應對和進度稽核等，都是一步一步的養成。不過，因為我現在和過往的身分和職位有所不同，過程中的拿捏和應對態度確實不好調適，心中經常拉扯轉換不斷。

二〇二〇年八月，教育部裡的一位老長官請我吃飯，他跟我說：「別人是商界進入教育界辦學，而你是由教育界進入商界，這時候的你要拋開大部分教育界的思維，要以商業思維去面對所有狀況，才能好好經營。」這句話提醒了我，真的必須如此，因為我當下就是有許多拋不開的包袱而束縛自擾，以至於耗能。

回想過往，每一個階段都是三倍的功力成長，倘若沒有之前十年的蓄積能量，現在的我哪能號召整個團隊辦學，建立一條龍的文教體系，並跨足飲食文化教育呢？

看待人生的轉折，細水長流且看且走是一種方式、斷尾求生義無反顧也是一種。人們常說「遺憾」是種美，但這種「美」會不會在我們年老之際仍覺得是美？這點未知，重點是人生有這麼多回頭路嗎？應該沒有！因此，以誠懇、不強求、盡力而為和決心做為踏出每一步的決策點，始終相信地球是圓的，你我曾經相處過的人事物總會再次相遇，只是時機緣分未到。

私人集團的學習與成長

以前的老闆李萬吉董事長參與鐵人三項已百場以上，是個很堅毅的企業管理者。在康軒集團工作的兩年多，我看到他為了趕上工程和在大陸辦學的努力，他認為最重要的是一定要先盡最大努力。李董的行事風格屬於強人領導，個人特質是務必盡全力去達到目標，因此造就了現在的康軒集團辦學績效。

公部門辦學跟私人辦學完全不一樣，私人辦學時，所有的風險承擔、成本計算，以及面對投資人、債權人和設定政策都要自行承擔。教育投資無法立即產生績效和營收，因為前期投資成本很高，一個新創教育品牌小到教學現場細節、大到工程營建都要我自己親自定位、操刀確認和帶團隊。

我有一段時間很怕吃麥當勞，只因在二〇一九年創辦學校那時，沒有老師、校區、辦公室的情況下，為了節省經費，跟夥伴約在麥當勞討論籌備事務，一週都要吃好幾頓麥當勞，讓我好久不敢踏進麥當勞。

自二〇一九年到二〇二一年一月，轉眼已經辦理了新竹、新北市共六十場以上的說明分享會。雖然創辦學校這件事看似從零開始，但我以前蓄積的能量和緣分都是為此做準備，決策判斷的經驗也都來自過往的學習；但在創辦時如何不讓舊經驗干擾決策也是關鍵，或許可以用共識決來平衡內部意見，然而風險責任永遠是創辦人所要承擔的，所以要怎樣決斷，真的非常重要！

辦學過程中，經常有人問我經歷與心情，我總是回答：「一言難盡，過程走過、學到經驗，辛苦就讓它過了吧！」

愛。分享

1. 擁有權力就是一種責任，當我們有權力去影響更多人，就不能用「試試」的想法處事和決策！

2. 以誠懇、不強求、盡力而為和決心做為踏出每一步的決策點，始終相信地球是圓的，你我曾經相處過的人事物總會再次相遇。

不回頭的第一件事

從事公務，無論是教師、公務員，原本我的生涯規劃就沒有打算要在公部門退休，但是認真做好每一階段該做的事則不言而喻，因為我向來認為人生每個階段只要認真走過，一定會留下足跡。

每一階段也會為下一階段鋪陳很重要的事，或態度或動機，因為在歷程中，個人的思考邏輯、想法也會隨之成長，雖然每個時空背景並不全然是當時的那個人，但我希望能盡量保持當時的初心。

我同時也深知作為政務人員的宿命，早就體認到「政策」永遠都是當時最適當的決定，而不會有最好的決定。在二〇一五~二〇一六年擔任教育處長期間，我覺得有很多行政沒有辦法符合長官的期望，心中的拉扯很大。在任職公部門期間，有許多因素會影響到周邊的決定，雖然我自己對行政績效和政策執行有自信，但當時仍有許多時候有嚴重無力感。此外，回應民意代表、市府長官的政策期待、執行成效或選民請託，都是讓自己拉扯糾結的關鍵。

工作與健康的兩難

二〇一六年做全身健康檢查，發現胸部有個纖維腫瘤，醫生建議要做穿刺確認，但是我卻一直因為業務繁忙而找不出時間。終於在某天下午請了兩個小時假，醫生提醒我盡量不要自己開車去，於是我就請了朋友載我去醫院。到了醫院才知道，其實穿刺切片就是躺在手術室、需要局部麻醉的手術，無知的我當場愣住了，因為沒辦法讓朋友等這麼久，於是當下請她先回去。手術過程中一直拜託護士：「對不起，因為下午四點多還有會議，請盡量快點。」我到了手術室才知道，原來這個小手術連指甲油都要去掉才好觀察，真的好氣自己當時的無知。

死趕活趕，好不容易趕回處裡開會，卻依然遲了十分鐘，算是我公務生涯中的極少數

2016年新竹市政府一級主管歡送黃處長和我。

例外。開會過程中，麻藥開始退了，傷口還貼著繃帶，但我還是要忍住這些疼痛。開完會已經五點半了，我仍然留下來繼續批公文，邊批邊想：我怎麼會忙成這樣，連找個時間做檢查都沒辦法？

我愛這個工作，樂於付出，但倘若身體在抗議了，就必須誠實面對。當時我覺得，將肩膀的重擔交給一個願意承擔的人是當下該做的事，也許是我不適應這個職務的環境，然而不管如何，我首先要照顧的應該是自己跟家人。

「承諾和責任」很重要，答應要做到什麼程度就務必達成。即使任期只有一年多，但我對於這個曾經服務的縣市和市長政務的期待，始終戮力要完成各項任務，例如在尋找每一所非營利幼兒園的空間和籌備學校時，我一定會親自現勘和確認。

我很清楚自己喜歡做開創性的事，在十多年的生涯職務經驗中，無論開創或改革階段任務完成，我都會想方設法尋找更適合的接棒者，讓制度運作得更為完善。開創業務有時需要緣分，但延續這件事需要適合的人來穩定達標。

至今依然感謝林市長提供我這機會，有幸在所服務的縣市或個人職涯開展了一個挑戰。初當選的林市長敢啟用我，想必對他而言更是挑戰不確定、承擔風險很大，尤其教育場域重倫理和許多長久難以改革的因素，他確實很有勇氣。

我徘徊在理想、初衷、承諾和責任之間，非常糾結，最後在和市長的共同默契下離開了公務職場。

離開了這個位置之後，我只希望後面接棒的人可以做得更好，絕不能讓他綁手綁腳，因此不回去以前的服務單位是我自己一貫的做法和特質。即使之前有所謂的豐功偉業或是待了數年的場域，以什麼身分回去和回去的頻率都會考量許多。職場老朋友可以相約碰面，但我盡量不選擇在這個場域。沉潛也是一種學習思考，正好也能咀嚼與反芻以前的經驗和問題。

也就是，沒有過往的十年，就不會有現在的楊傳蓮，不是嗎？

優雅的轉身

做好現階段的工作，做到一個關鍵階段便進入下一個可能，要是有適合的人可以延續這份任務跟責任，不是一件美好的事嗎？絕不要久佔其位或滿足於現階段而遲滯不前，需要的就只是「轉念」和優雅的「轉身」而已，我很自豪自己的這股勇氣和單純。一位教育部長官也跟我分享過，笑稱我是十年前誤闖叢林的小白兔，現在已經成為灰兔了。其實這就是「政治」，有的時候就只是做最適合當時狀況的決定，而這個決定不一定是最好的。

原來個性會造就未來，家人跟親朋好友自始至終都很支持我的決定，因為我不是會到處討拍的人，再苦都不會跟別人抱怨，但脾氣難免顯得不好，感謝過程中所有包容我的家人和好友們。

政治就是眾人之事，我相信政府首長的團隊壓力更大，因為來自各方面的壓力以及各種考量，因此我才說教育現場永遠都是最單純的地方，因為教育學子本就應該保有單純和熱情。就像曾經一起工作的夥伴們常常問我：「妳為什麼要做這個決定？」我心想，不在其位就不知道那個位置的思考跟所承擔的壓力，所以我回答他們：「根據我個人的經驗，輔導團現在做課程與教學，那是教育事務中最幸福的事了！」

離開每一個職務場域，都應該先決定好下一步嗎？不盡然，我在離開公部門時其實並沒有下一步，這點跟二〇〇九年的我已經不同，因此也有很多人問我為何會有勇氣放棄十六年的公務鐵飯碗年資？

除了原本不設限只能在公務部門退休的想法之外，我心中思慮的是可能讓教育更好、又能讓我願意投入的是什麼？要能跳脫眾人眼光的框架去思考，因為沒有界線，所以可以看到更多隱形的能量與可能，於是我才明白，原來之前的種種歷練就是為了二〇二〇年。

夢想，實踐中

說起來，我其實是「自私」的，因為自我個人實踐的思考超越了其他現實狀況，當然家人的經濟支持也很重要。但我始終沒有離開最愛的教育界，即使換了不同的位置和努力的天地，除了辦學發展外，文化、藝術學習的區塊也正朝向目標創立中，同時也持續在師培機構任教，不間斷自己的現場教學經驗，讓自己有為國家服務、自己的經歷與所學是學有所用的感受。即使這些年來苦多於樂，經歷中有好多的無奈跟現實，但面對未來的教育希望仍舊讓我分外愉悅，有時夜間上課到九點多返家，累癱在沙發上，但我仍樂此不疲。

更高興的是看到教過的學生也跟隨我的腳步進入教育界，我創辦的學校老師許多曾是我的學生，他們說我都是手把手帶領他們前進。但我認為，並不是我這個老師厲害，而是這些學生願意學習。

曾有學校同仁對我說：「老師，你都在騙我們，騙得我們在創辦學校初期，即使學生數少於教師數，薪水調降，但我們還願意跟著你一起打拚。因為你真的實踐了你當初對我們的諾言，創辦了這個學校來實踐理念。」這是「騙」字的新解讀。

愛。分享

理想與承諾、責任以及家庭如何取得平衡，是人生的重大考驗。沉潛，只是為了另一個更棒的出發！

第二部

學習進行式

產官學界的經歷與經驗

我在教育界的各個領域中實踐與學習著，
時而為老師，時而為學生，
教學相長不只是口號，而是人生的實踐。

學，然後知不足

學然後自知不足而補之

在花蓮師範學院（現為東華大學）念研究所的那兩年，教授教導我們要以不同多元角度去看待社會、審視事務，很慶幸念了這個多元文化教育所。因為教育研究所只念了兩年，畢業後也順利取得學程，所以我清楚知道自己教育專業的不足，於是在當上正式老師第一年，就去念了博士班。倘若之前考上師資班，根據原來的規劃，我就不會想要念研究所，甚至博士班，所以這個轉彎讓我深覺人生獲得更多。

也因此，我深深體會到，進入社會的第一份工作最好和所學有關，因為可以證明學校所學落地後能否符合性向，與之接軌，至少要試過才知道！否則，提早轉系所也能少走些冤枉路。

2019年臺大EMBA與上海復旦大學交流課程。

臺大EMBA課堂團拍。

臺大EMBA 107B新生入學團體合照。

念臺大EMBA是辦學的助力

進入業界後，一直有人來找我，希望能有兩岸合作辦學的機會，但我心中知曉自己功力不足、時候未到，專業不夠，還無法扛下這樣的責任。直到念了一年EMBA，加上在集團可以發揮的空間不足，讓我自覺更不像自己。由於EMBA的學習和Eva的出現，這兩個因素加乘，讓我決定了往前的下一步。

人生總有許多驚喜和轉折，端看個人的心志和機緣！念EMBA之前兩年，我從未想過會在取得博士學位後再讀一個碩士學位，尤其是商管碩士。就因為需要、自知不足，成就了這項兩年前從未想過的事。起心動念只因為不懂和想了解，而實際方向和結果都成為自己開創新文教事業的重要戰略考量因素。

臺大EMBA的生活很緊湊，修習課業的過程為我開啟了不同的眼界和知識視窗，許多學長姐的業界經驗和師長學術驗證也給予我許多養分和能量。研究過程中，許多兩岸校友、同窗的支援，深刻體會臺大創造了相互支援的平臺效應和資源豐沛交流的影響力，促成了許多開展的可能，也在現有工作和生涯中途有了另一番新希望和挑戰。

人在職場如同在球場，除了要知道規則之外，還要了解自己適合前鋒作戰或是中衛、後衛，雖然派兵遣將的不是自己而是教練，但總要知道自己適合和喜歡打哪種球類，是高爾夫球？羽毛球？籃球？還是美式足球？上了球場也才不心虛。

愛。分享

職場如同球場，除了要知道規則之外，還要了解自己適合哪個位置。

教書沒有你想得那麼容易

代課或初任教師期間，有兩件事讓我印象比較深刻。

教學現場不容易，正確經驗傳承很重要

第一件事發生在我剛開始教書當代課老師的時候。代課期間，因為我沒有接受過教育學程，所以並不十分了解班級經營策略。有一次，被校長叫到辦公室，進去之後，他一見到我就劈哩啪啦罵說：「你不知道現在的學生成績是不能排名的嗎？」

我真的愣住了，因為還困在以前的規範中，而且學校裡也沒有人提醒我。我從頭到尾默默無語，有一點點難過。

第二件事，跟小學老師的包班特質，從頭管到腳底

全包了有關。小學低年級會收蟯蟲檢測，代課老師總是比較緊張，正正經經盡量讓每件事情到位。

有一天，有位學生沒有帶到當天要繳的物品，我既然身為導師，當然就請學生記得要帶。當天校長巡堂的時候，看到公共電話後面大排長龍的小朋友，他就問說：「你們在幹嘛？」學生們回答：「打電話請爸媽送蟯蟲檢測啊！」沒多久，就聽到校長廣播：請有排隊的學生班導師去校長室報到。當時我在沒有修過學程下擔任代課老師，不同於現在代課老師多具備教師證，這點也呈現出教育政策鉅變的時代差異。

教學現場情況不少，即使修過學程，遇到真正突發狀況，能在記憶中喚起的策略、相關理論和問題解決的方式有哪些？之前有位學生分享他在訪談資深老師時，老師提到狀況發生的當下可以去翻教育心理學來參考，因為沒人可以請教，但是往往事發突然，很難來得及翻閱參考書籍的，所以平時累積個案經驗和多多請教夥伴是很重要的，作為串聯和連接的教學支援平臺是可以即時學習和處理的。

另外，還有一點應該要注意的是，現在身為教師的我們，經驗也常是來自於以前身為中小學生時看到老師的班級經營，這點其實也蠻危險的。除了因為當時的老師班級經策略不一定正確，同時相隔十幾年的時空背景、社會環境與政策變動，當時的合理合宜在如今可能並不適用。

愛。分享

班級經營不容易，平時經驗累積和請教夥伴很重要。

試錯的勇氣

曾經看過一篇報導，嬰兒在七、八個月時就會利用肢體表情逗弄他人，而且隨著年齡增長會到處探索。小時候總是勇氣十足的到處探險，用似懂非懂的語言、五感了解世界。但為何孩子這一百種語言、一百種表達世界的方式，在我們長大之後卻消失了呢？因為成長過程中，在孩子還未踏出腳步、伸手觸摸時，作為家長甚至老師的我們，就以許多看似「安全」的方式，逐漸削弱了他們探索的勇氣……。

試錯愈早，愈有成功的可能

對於教育和學生，我的想法是：有些路真的要讓孩子自己走，因為真正走過之後，他才知道自己要的是什麼。

有家長問過我到底是否要讓孩子自己去試錯？以及何時可以讓孩子自己去冒險？根據辦學經驗或對教育的看法，我只能說，試錯的階段愈早，成功的可能愈高，因為一旦他都試過了，知道自己確定要什麼，那麼跌跌撞撞的傷口，不管是貼OK繃也好、要縫針也罷，傷口有時就是要留疤，真的得讓孩子自己走過一遭才能真正體悟。

就以我當評鑑委員的現場觀察，很明顯可以看出老師的特質不同：曾在外面代過課，依然選擇回到這個教育場域的人，往往態度熱切，眼睛會發光，因為他真正明白這個工作的使命，也熱愛這個教育工作。

愛。分享

犯錯，才有機會改錯，才能變得更好。

教育部見聞①：馬祖的震撼

二〇〇九年在教育部國教司服務，辦全國研習活動時，經常都會關注各個縣市或學校的出席狀況，心中對於出席率都有著一把度量的尺在。直到二〇一〇年時赴馬祖北竿出差時，我改觀了。

令人意外的北竿行

二〇一〇年，我受邀去馬祖對家長宣導十二年國民基本教育，同時也聽聽家長對基本教育的建議。之前已經聽過中央團的老師們提及，馬祖北竿因氣候關係容易飛機停飛，因此難免有些許擔憂，可能會無法及時飛回本島。因此受邀當時就一直很猶豫，但因為邀請我的是好友，就當成順便去訪友吧。

出發當天搭八點多的飛機，在機場看到了好多軍人，其中女性軍人比例不低，也顯示了平權。直到中午十二點，因為北竿雲高、氣候等問題，飛機一直沒有起飛。電話聯繫馬祖的陳主任說：「如果中午再沒有辦法飛，那這一場就取消好了。」但陳主任急迫的回應：「請妳再等一下，因為家長都報名了，也很想要參與今天的主題。」下午兩點，塔臺突然開放起飛了，但讓我猶豫的是，聽說後續幾天的天氣不佳，無法如期飛回本島的可能性不低。

來聽的國中生家長比我想像中多，許多問題讓我好生意外。陳主任告訴我，家長中有為數不少的公務、教育人員，許多女性是因為婚姻而嫁到馬祖的。

其中一位家長問我：「妳可以告訴我，我們的孩子將來可以去哪一個縣市升學嗎？」這裡要先進一步理解家長問題背後的原因。為什麼馬祖的家長想要把小孩送往台灣本島，甚至很多都在本島置產？其中一個原因是離島的教育品質，不少家長因為關切孩子的升學問題而在本島置產。在這樣的考量下，我無法直接回應，只能同理家長，告知他們國家對於教育的關心重視是每一縣市相同的。這是我第一次感覺到離島民眾對於教育這件事情的關心熱度，家長在意學區和孩子的教育，超乎我原本的預期，也更加體會到關切教育並沒有地理界線。

離島老師的考量

不出所料，回臺灣本島的飛機果然停飛，我被滯留了。但從松山機場起飛時，我心中就有底，認為這趟去真有其必要，但沒想到的是，我居然因為天氣而耽擱了一週。邀請我的陳主任一直很不好意思，他希望家長有機會可以跟中央的同仁對話，也讓家長感受到被重視，也能反映他們的期待。

就這樣，我在陰雨綿綿的馬祖滯留的一週去了北竿、南竿，更遠眺對岸。期間主任跟我閒聊：「以往我們馬祖的在地男生，要結婚比較困難。」這我倒是第一次聽到，心中有些納悶。

陳主任說：「我在臺灣念書期間，交了女友，後來並論及婚嫁。我當然要帶女朋友回老家讓父母見見，結果到了北竿再返臺以後就分手了。當時我帶女友回來之後，她住了一兩天就想要回臺灣，結果剛好碰上氣候不佳，又滯留了三天。」女友問：「那麼我們結婚

受邀前往馬祖坂里國小講座，該校已於2018年廢校，成為國立臺灣海洋大學馬祖校區。

之後可以住臺灣嗎？」可是陳主任想回自己的家鄉，所以分手了。

他也說到，周邊的同仁或多或少都有這樣的經驗，遑論學校的教師了，這也是馬祖教師流動率高的原因之一。當然這不會是唯一的因素，因為飛機經常好幾天都沒飛，船運也不及，就連便利商店所有能吃的東西幾乎都被掃光，因為軍人在這條街唯一的便利商店一直買。陳主任說：「便利商店就是我們的百貨公司，那裡是最熱鬧的一條街。」這是一個難得的生活經驗，因為滯留才有機會了解這些事情，但現今因離島經濟發展和觀光事業，當時的場景可能已不復見。

後來有機會去澎湖參與活動，接續又去了七美，這才知道，當地人從臺灣本島到澎湖其他島嶼要好幾天。老師來本島參加研習，除了成本費用高之外，學生很有可能幾天沒有老師上課或代課，雖然是研習進修或會議需要，但考量哪能隨便。

每個縣市的背景脈絡都不同、遭遇的困境也是，但解決的方式務必基於理解，並以解決問題為前提，因此當我從中央回到了地方縣市和學校，我也學會了傾聽。

愛。分享

臺灣這麼小都有大小不一的文化差異，鼓勵家長帶著孩子去各處旅行有其必要，而且什麼地方都要去。要多看看不一樣的世界，很多事情一旦了解，就都不是問題了！

教育部見聞②：中央與地方的規劃差距

在中央規劃時，我並看不到全面執行端，也不知道地方的回應是什麼，有沒有回應，以及好與不好，還有成效是什麼？可是在中央工作，要督導地方，因為這樣才知道該怎樣撥下經費與調整政策。

去各地了解真實情況真的好重要，但事實上，到了縣市端、學校端才知道，為什麼有些政策方案不可行或難以執行，因為有些學者專家是用他自己的學術思考邏輯，缺乏現場工作經驗，不夠了解真實狀況。我自己也是去過離島，才知道這是一個不小的問題，有時擬定政策時接不了地氣，會用個人本位去規劃。

可是學校的第一現場是最直接的，因為老師面對的是學生、是人，只要有人，可動性、可變性、不可測因素就多，那麼政策執行上給予縣市甚至學校的彈性在哪裡？不可否認，相關評鑑難以避免也有其必要，加上有立法院、議會的預算審核，有業績的執行壓力，不過依然可以思考如何有彈性，以及有哪些方式可以促進成長。

校務評鑑面面觀

還在學校服務時，曾有人跟我說，如果我這一屆要當主任，已經算好了，要是兩三年後會碰到校務評鑑，那麼兩年後一定辭職不要做，讓下一個新人去做，因為評鑑實在太繁複了。要在短時間內看出成效，當然要看歷程和成長趨勢，雖然中間歷程沒辦法很具體說明，但終究要思考，「評鑑」要用什麼方法，才能真正看到這個縣市和學校的改變。

我印象很深刻的是有次去花東評鑑的經驗。教育處長提到那年國中會考的縣市排名不佳，以致他在議會備詢時壓力很大。當時議員要求所有國中校長都要備詢，這點讓處長頗為難，想必他心中也百般不願意。擔任局處長位置都是在第一線扛起責任，而校長就是單純做好教育工作並顧好學生和家長。教育局處是督導、負責單位，所以通常議會要求校長出席時，身為局處長的我們都會盡力讓學校能不受這樣的民意質詢，擔當做為教育本質和行政體制後盾的責任。

家長和學生的真正需求在哪裡？

曾聽過縣府科長分享國中畢業後的職業類別，他以目前服務的縣市來問我們：「各位認為比例最高和最低的職業類別各是哪一個？」

科長指出：「本縣市佔比最高的第一名是服務業或是勞動，尤其是服務業，公務員比例很低。」因此議員要求教育處透過家長會跟家長們溝通，如何補強學業成績以及進行補救教學。

科長分享說他沒想到家長代表的回應是：「哎，你們這些學教育的人，只會說我們家小孩子國中的學力、什麼基本能力測驗，但是實際上對有些家長來說，只要孩子不要變壞就好，我們就只有這樣的期待，孩子能開開心心的，長大不要變壞就好。學校老師都說我們期望很低，但這是我們真實的困擾啊，哪還會關心學業！管好了功課，會救得了所有的事嗎？不會啊，只要孩子不要讓家長困擾和擔憂就好了。」

科長說：「學業是頗重要，但那只是一部分，最重要的常常不只這項。」我們以為學生或家長需要的是這些，就像一直以為只要餵學生吃學業成就這道菜，無論強迫他吃或灌食，能讓他吃飽外，也能讓他健康，但其實頭好壯壯的方式並不在課業餵食，而是在陪伴、關心、鼓勵和傾聽，甚或等待他自己成長。

每個縣市關注的重點多少有些不同，可能要先釐清重點優先序，去各個縣市走訪後能理解更多，至少當時的我從借調教育部到縣市後感觸滿滿。中央看待縣市政府的多元人才需要受到關注，不能只有幾個縣市的人才來源，尤其是擔任一定高階職決策的重要官員。

因為教育部要做的是全臺灣的事，思考邏輯必然不同。以前有位教育部長官待過很多縣市，他的思維也能體察不同縣市的需求和困難，無論考量的廣度和高度都能基於解決現場問題的立場，這位長官的決策思考就不同。他曾說：「我們知道絕對沒有樣樣全，絕對沒有全方位的事情，但是在思考政策重點時，看到了困難和希望，願意去幫忙解決問題的想法跟決心至少要誠意滿滿。」

愛。分享

政策的重點在於看見縣市差異與其問題所在，並不只是齊頭式的執行。

教育部見聞③：偏鄉教育經驗

幾年前因為英語華裔青年跟僑委會的案子，要跟同事去臺中梨山小學訪視。這個案子是海外年輕學子假期回來臺灣陪同偏鄉小朋友學習英語，為時大概一兩個禮拜。他們住在當地，結束英語教學之後，也趁回去前體驗臺灣文化。

偏鄉離島的難得經歷

這次去臺中梨山的經驗還真是跟去梨山吃水蜜桃或買高麗菜完全不同，滿滿的生死一線間之感。

那大概是二〇一一年七月，剛好是颱風高峰期。我們接到通知如期上山訪視，因為氣象預測颱風路徑沒那麼快，可是在開到往梨山一半的路程時，卻聽聞即刻發布陸上颱風警報，而颱風隨即行進加速。在中間路段時，教育局同仁正在討論這件事，因為路程已走了一半，上也不是下也不是。我開口說：「你們要不要去問一下局裡長官，要上去嗎？」最後回報還是決定勇往直前。

一臺車上面坐滿四個人，這一路上去，我坐在窗邊，手緊拉著把手。一路上山的過程中，我緊盯著山壁旁的土石流由小溪變為小小河，覺得車子在晃，不自覺地從嘴邊發出「哎喲、哇！」我跟另一位同行的同事深覺可怕、好想回去。好不容易在一路驚恐下抵達了梨山國小，趕緊用簡訊回傳部裡的同事，向他們報平安。

梨山國小是全國海拔最高學府，不同於一路的風雨，居然出奇的平靜。校長等在門口迎接著我們。這位校長很年輕，一般而言，偏鄉校長多半隻身前來，尤其是初任校長。校長卻說：「我老婆、小孩全都來了。」全家在一起的心很堅定溫暖，給予校長的後盾也著實不易。尤其校長老婆提到在這樣的環境下養心，孩子能在這種自然環境下學習也機會難得！

接著在開始訪視流程前，校長帶我們去參觀校園。校長領著我們到一個看似擺放許多雜物的空間，他介紹這個空間是圖書館。我心中一震，這哪是圖書館？怎麼看書？書在哪裡？當時校長跟我說：「我剛上任不久，希望未來是圖書館。」未來？原來校長不知道經費在哪兒，不知經過這許多年後，圖書館是否已獲得經費補助。學生雖然沒有多少人，可是該有的應該都有，麻雀雖小，五臟要俱全，因為這些都是學生的受教權。樣樣件件不能缺也無法等太久，當然現在的偏鄉條例應該也能解決一些資源上的問題。

前陣子新聞曾報導，一個國中因為平日行走連通的路橋斷了，孩子上學平常可能需要半小時，發生路橋因溪水暴漲損壞的時候，光上下學就要花五個小時。現在回想數年前赴梨山、七美、馬祖的經歷，光是行政人員或校長要出席會議的時間距離，哪像現在因為新冠肺炎疫情，線上視訊會議和線上教學視為稀鬆平常。其實教育同仁和校長都要這樣上上下下也具有危險性，如何突破物理上的地理距離，而仍能達到教育績效是需要規劃審視的，我們總要跟得上科技時代趨勢。

要突破教育界的地理區域限制，要設法在地增能、養成自身的專業力量。許多縣市區域的教育發展在政府或熱情專業校長們的號召下，藉由世代交替的區域聯盟方式，突破距離專業成長和教師流動率高問題。例如新北市貢寮區小校混齡教學的發展，嘗試與教科書出版社、教授們共同編寫混齡教材，這項官方與民間出版社的工程實屬不易，類似這樣的經驗發展著，實應該提供給其他縣市參考。

裁併校與原住民的問題

二〇二〇年受邀去南部縣市評鑑，這縣市有二百多個學校，是我以前服務縣市的數倍。在高鐵接送的路程中，與教育處的候用校長聊到這個縣市最大的困境和問題，校長說：「最大的是裁併校的問題，因為有的學校很小嘛，可是後來有段時間又不敢實施這個政策，因為有些考量；學力上的落差是另一個問題。」去不同縣市慣常詢問困難和急需解決的問題成為我的必選題。

有一個山區學校，校長是一位初任女校長，初任校女校長就來到山區學校住宿舍，我很感佩她強大的熱情和堅定的意志。

訪視過程中也需要做家長訪談，其中有位六十多歲的原住民阿嬤，因為孫女在此校就讀，但是兒子和媳婦都在山下做工，所以由她代表參加。我閒聊中問起平日如何讓孩子跟爸媽聊天，阿嬤說：「真的要謝謝網路啊，現在有那個網路Line，每天孩子都可以跟爸媽視訊，這成為我們一定要學會的事啦！」

我接著問阿嬤：「今天我們來是想要知道您對學校的期望和希望學校幫忙的地方，有嗎？」

她不假思索，沉重的馬上回答：「就是小孩子的功課，老師你不要看我這樣，小學那時只有念到小二，沒辦法繼續念就是因為家裡窮。我們現在也很苦惱。學校都會跟我講課業很重要嘛，可是說實話，我們連吃都吃不飽。現在這種五月的天氣啊，又遇上疫情沒有觀光客，沒客人時平常都是種種農作物，農作物收成不好的時候，就去挖竹筍，但今年天氣不好，挖竹筍的成果也不好，所以都沒有收入。老師你問我家中的小五孫女，她的作業不會寫不知道問誰，我真的沒辦法教。我曾經拿著作業去學校找老師，可是我拿著作業找不到老師很沮喪。結果回家路上突然看到老師的車，就在路上攔住老師的車，追問老師這題怎麼寫。」

我又問她：「那如果你沒有攔到老師的話，要怎麼辦？」

阿嬤回道：「我就用那個手機拍。這題我不會，就去問我兒子，我兒子也不會就傳給老師。他說有的老師很好，就說你可留我的Line，然後你有問題就傳給我，就好了。」聽到這裡，我的心中很沉：因為先要把阿嬤教會，阿嬤才能教孫女……。

學校在國家政策規範下當然有課後補救，但處於原住民區的教育同時要承擔文化認同的責任，教育這些孩子的課題就不只是學業，還有文化傳承。其中牽涉許多因素，我們以為是原住民認為某些基本能力不是他們的第一需求，可是這個阿嬤告訴我，因為她自己書念得不夠多，所以期望「我的孫女不是只有傳承這些，書要念也是很重要的。不只是只有你們認為的原住民政策和以為的事……」這句話讓我沉默許久。

校長的難處

學校所在的區域絕對會連動區域特色，因而形成學校特色課程。有幾次委員訪視中不斷提醒學力基本測驗，校長很努力地敘述作法，家長會長也很努力地說著在地特色所帶來的經濟效益，和讓孩子認識文化和學習才藝的重要與成果。我相信校長有他的壓力，因為身為教育者怎麼會不知道基本能力的重要性？他面臨的壓力不小，是因為會有些政策拉扯以及要和在地社區溝通。

看得出來校長這幾年盡力參與辦理社區活動，奮力想辦法要融入當地文化。我提出，「我們今天是要來幫校長的，待會的總結都是講給後面出席的家長、里長、行政同仁、教師聽，辦學立竿見影有效行銷特色表現效度高，但學生呢？學生參與了許多特色活動，但有可能改變未來的基本學習嗎？別忘了帶上這把基本能力的釣竿，在還不確定孩子未來的可能發展和潛力，要請大家也支持基本學業。當然文化傳承很重要，但是兩者是可以並進的。」我心中一直記得阿嬤含淚跟我說的話。

會後，校長把我拉到旁邊，抓著我的手說：「謝謝妳看出我的困難！」住了四年宿舍的初任校長真的很辛苦。

愛。分享

偏鄉教育的艱難有時超乎想像，他們的需求也未必如我們所設定的那般。重要的是，真正聽見他們的需求，提供他們真正需要的協助。

德國參訪，種下了一顆種子

二〇一三年二月，在大雪紛飛中抵達了法蘭克福機場，行前透過讀書會了解這次學習之旅要知曉的華德福、彼得·彼得森的教育核心，帶著期盼踏入了這些帶領世界改變的教育之地。

第二天午後，我們一群人邊笑邊踩著三十公分的厚雪層走到幼兒園門口，園長熱情地迎接我們入內。進入教室的第一秒，看見了窗臺上的小盆栽、亮麗桌子椅子的擺設、展示架的多元學習材料、學習區的各種手工器材，哇！這教室實在很不像臺灣幼兒園的擺設和色彩運用風格，很有家的氛圍，而且從外觀看不出是所幼兒園，就像文青咖啡廳。觀課開始，我們驚訝的看到了老師怎麼跟孩子互動。

德國陶努斯Montessori EcoSchool蒙特梭利學校，這是歐洲參訪的第一間學校，就在那個大雪紛飛的早上，我看到了不一樣的幼教。

一百種表達方式，一百種語言

就在我們好奇環顧四周時，一名小女孩在我們眼前突然打破了玻璃杯。令人驚訝的是，小女孩自動走向後方，手拿小掃把，自在的把玻璃掃起拿到後臺，一個兩歲多的幼幼班小孩在沒有父母、老師的協助下完成了這件事，從事教育工作多年的我們訝異到發出讚嘆和疑惑！

我跟溫老師（現任清華附小溫校長）兩個對望，印象好深刻，我們彼此抓住對方的手，因為這實在太讓我們訝異了，我們一直迫不及待的想要在共同對話的時候問老師，這是怎麼回事。

老師告訴我們，這是他每天日常會發生的事情，就是他生活課程的一部分，覺得這並不需要大驚小怪，因

德國陶努斯Montessori EcoSchool蒙特梭利學校每一學習區，擺放著不同主題和範疇的教學材料和教具，支持著孩子們的自主學習。

為他生活中會碰到很多類似打翻弄破的情況，所以認為應該要教導這些孩子怎麼去處理這種情況，即使那是玻璃。

此外，外面大雪紛飛，天氣酷冷，是什麼因素吸引這些幼兒不畏寒風、大雪，開心來上學呢？進入幼兒室內的我們馬上獲得了答案。園內的課程依主題統整課程，設置學習角的概念，教室內各角落的學習區，整齊擺放各種教材與素材，孩子們選擇興趣主題區坐下來之後，隨即開始園裡的作息，如呼吸般自然平穩，完全不受訪客的影響，專心進行自主學習與探索。

幼兒園老師對我們說，他們希望給孩子多元體驗，並讓他們喜歡學習這件事，不必急著給他們標準答案。這是幼兒發展的重要時期，他們正在觀察與理解這個世

德國這所幼兒園孩子以中文名字介紹自己來讓我們認識。

界，嘗試構建自己與世界的關係，因為孩子有一百種語言，一百種理解世界的方式。

說夢，實踐夢想的開始

這顆奇妙的種子紮在了心中……。

我們這群熱愛教育工作的人，常常在不同地方創辦機構、學校、研發課程和授課，二〇一九年某天午後，我們聊到了六年前的悸動與那份浪漫的心情，也找了幾位熱愛幼兒的教育夥伴一起對話。我們共同的話題變成：我們的嚮往和當時對小女孩自主解決問題的驚訝，只是說著好玩的嗎？如果能夠讓孩子透過一百種語言，使他們擁有智慧、思考、發現、發明、幻想的能力，能向世界表達他們自己的想法，對自然有感覺有愛，孩子們是否可以在優質的學習歷程與學習靈動中，增加生命歷程與豐富，變成富有巨大潛能的孩子？無限的可能性呼喚著我們的熱情。

二〇一九年八月的那個下午，我們相約再敘說夢。這一次我們擁抱彼此給對方勇氣，珍惜呵護內心那份感動。我們觸摸著溫熱的咖啡杯，用悸動的鉛筆繪出夢想的藍圖，為熱愛教育的種種可能實踐做下了決定。

不久前，我們的老師教小朋友烹飪，看到臉書貼出的照片是小孩子在洗玻璃大餐盤，心中一時有些訝異：當初是不是買錯了，應該買塑膠餐盤？但因為有德國經驗，我轉瞬就放下心了。

孩子冷不冷？

零下十度的德國好冷，大下課時段一到，十幾個小孩子就往外衝，而且都沒有穿羽絨衣跟外套。相形之下，我們這些訪客穿得很厚、包得很緊。孩子們在雪地裡玩，打雪球、滾來滾去。納悶他們不冷嗎？為什麼老師都沒有叫他們穿外套？德國老師提及：「這樣可以鍛鍊小孩子強健的體魄，他們不冷就好啦，冷了，他自己會穿，為什麼還要提醒他？這是本能，冷了他就會進來或是找衣服穿，他自己會感覺，自己就會調節，德國都是這樣教小孩的，我們不插手。」二〇二一年初的臺灣冬天特別冷，每當想要叫孩子多穿點時，就突然想起德國的那個畫面。

如果在臺灣，父母會怎麼做？其實小孩不一定覺得冷，有一種冷叫父母很冷。

愛。分享

很多時候，孩子其實可以自己解決問題或做決定，父母師長別擔心，不妨放手讓他們試試看。

取法乎外的實驗教育

二〇一三年前往歐洲參訪，主要是為了參觀華德福教育體系，因為新竹教育大學陳校長的安排，也參訪了彼得．彼得森體制，這是一個強調說話、遊戲、工作、慶典的教育體系。

華德福實驗教育

參訪完回來後，我向當時的蔣處長提出，是否可以籌組華德福教育小組？當時我思考的是如何借力使力，因為光靠公部門創建實驗型教育還不足，也要找外面的專業人士一起參與，好讓這個小組更加豐富並更專業化。於是我就跟蔣處長說：「處長，我想要做一件事，但要獲得您同意：拉入新竹教育大學的資源（現在已改制為清華大學）。」

參訪德國德勒斯登Laborschule Dresden實驗學校時，遇到來留學的臺籍學生，他來當臨時翻譯！

當時的新竹教育大學成立了華德福中心，由成虹飛老師擔任主任。我找了一個下午去拜訪成教授，走入清華大學南大校區的研究室，遠遠就聽到有吹笛的聲音，原來是成老師在吹奏。跟成老師聊了一些想法，比如公部門可以跟大學合作，創辦一個公辦公營的華德福學校……，我突然就看到老師眼睛發光，開心地訴說他的想法。

新竹市政府和當時的新竹教育大學順利簽訂了合作意向，接續成立了這所學校，相關可能空間也在前後幾任的市長經費挹注下，在香山區從小學一直興建到中學。很慶幸這過程中有許多夥伴陪同，因為大家的目標一致，而我們就在其間穿針引線。雖然過程中有許多要溝通的事，畢竟公帑也涉及其他公立學校既有資源的分

德國Steiner-Waldorf斯坦納華德福學校多層色彩布滿校園空間、教室牆面、窗簾等空間，在孩子心中烙下情感的種子。

配可能，因此不得不步步為營、多方溝通以求得共識。

慶幸的是，無論哪位市長皆認同成立這所學校的教育意義。二〇二〇年底，華德福學校的美珍校長遇到我，提及現況時說：「很多家長尋求實驗教育，可能認為在特殊教育或是公部門正常體制中無法得到完整的教育或符應期待，也許轉到華德福學校或其他實驗機構就可迎刃而解，但是實驗教育不應該是另類，更不是特殊教育學校，因為立學宗旨和目標不同。」

實驗教育是在現有體制內尋求一個可能的實踐，雖然孩子有不同類別，但實驗教育絕對不是家長不得已或逃避現有體制的選擇，其間的教育價值、教學、制度，以及參與的父母師長都需要不斷交流和調整磨合。

同行的校長們在德國Steiner-Waldorf斯坦納華德福學校合照。

彼得．彼得森的教育理念與實踐

德國彼得．彼得森的教育哲學，將學校生活劃分為四種生活型態：說話、遊戲、工作、慶典。他們強調工作和動手做的能力，華德福也有相似的意涵。再來就是說話，要如何跟他人有效的回應和溝通，這點涉及人際關係和檢討反思。再來是混齡學習、對於社區的延伸，這部分會由孩子的自我認同，向外擴展到社區和社會整體。

當時的我頗為雀躍，思考的是倘若在臺灣有一個這樣的務實教育，在現有體制內突破可能，臺灣教育不是只有某幾類的實驗教育，要真實能實踐的，即使在不同的時空背景、彈性課程或領域課程都可以做。當時的我滿腔熱血，下定決心要回臺灣做這件事，但截至二〇一九年為止，卻始終找不到場域實踐，幸好在二〇二〇年看到了一起參訪、同感興奮、喜悅的溫校長在清華大學附設實驗小學第二校區實踐了。

實踐的開始

在我現在創辦的學前園所也具有彼得．彼得森教育哲學的元素在其中，有主題，還有反省檢討分享，邀請家長、還有社區參與……等等，都在現有的園所中開展了。自二〇一九年十一月開始，我已辦了超過六十場以上的分享會，在第四十五場後的每一場都有家長提問：「創辦了這個園所，那國小呢？可以接下去實踐嗎？」家長關心的是，做了啟蒙，開啟了孩子的心智，然後呢？這個問題也在這段時間中不斷攪動著我的心思。

一顆種子埋下了就有機會，我現階段要往上辦學校所埋下的種子，不知何時發芽開始成長，但只要有適當時機，那份熱情的種子總會開始茁壯。

在面對孩子時，我認為老師的態度應該是：「我們不會主動幫你解決問題，你能努力解決自己的問題；但若你沒成功，我們隨時在這裡陪你，只要你求助，我們一定會幫助你。」教材是死的，孩子是活的，老師們該與孩子一同創造學習的可能，在每個互動與對話裡，共同尋闢出一條沒有人走過的教學風貌。

愛。分享

孩子會有一百種表達世界的方式和語言，所以老師應該在每個互動與對話裡，與孩子一同創造學習的可能，讓種子長成千百種豐富的樣貌。

私立教育集團的學習與角色轉換

創業沒有你想像中的美好，需要有高度的規劃

二〇一六年底至二〇一九年五月，我在康軒集團服務，主要是負責康橋各系列學校的校務業務，這兩年多的時間擔任幕僚，與集團七位集團長一起工作，學習到許多有關私立學校管理經營和招生策略。

李萬吉董事長曾分享說：「一個創業家只要有四成把握，就要出來闖！」這句話一直烙在我心中。他還有一句經典話語是這樣的：「我要是像你們教育人員一樣來經營教育集團，早就虧死了！」他一講完這句話，我噗哧一下，因為我已待在康軒半年，深刻有感。

這個集團雖然是私立學校，但創校的已故張啟隆總校長頗讓我欽佩。他從公立小學退休，和李董一同創辦了這所知名的私立學校，他對於教育的堅持和理念讓我

很欽佩。張總校長曾分享一個創辦這所學校的小故事：「……取得土地的過程中，我一路從新店華城路上到山頂，同行的夥伴們到了山頂，察看四周，覺得怎麼可能會有家長願意送小孩到山頂來念書？」校長回答那個質疑的夥伴：「只要教育辦得有特色，就能吸引人，我們可以用交通車把學生載上來。」果然，後來這所學校的交通車在雙北共有八十多條路線。

同樣的，李董對於培育學子抗壓性、耐挫性的方式也很有想法，他以挑戰百岳、橫渡日月潭、騎單車環臺的幾項校本課程，堅持辦理至今，也很讓我佩服，而且不僅是臺灣校區，是兩岸校區的學生都需要貫徹這些課程。這類課程的周邊配套措施非常重要，集團的嚴謹度和團隊運作讓我習得不少經驗，目前也運用於現在的體系中。值得一提的是，創校的工程運作讓我學習到不少，更重要的是，我在這個職場習得了不輕言放棄的精神。

角色轉換的拿捏

我曾經評估自己若要從公部門轉戰私人企業，至少要學習到五成才能走得更好，也因為深知對商界知識不足，因此在二〇一八年開始於臺大EMBA進修，能知道自己的不足是很重要的事。

在EMBA進修這兩年，因為業務關係有機會走訪大陸、香港與臺灣各地，看到了兩岸在教育看法經營上的差異，這對我的職涯是一個關鍵點。

在私人企業和自己出來闖的過程，角色轉變要如何拿捏讓我又面臨另一場拔河，內心不斷出現各種衝突。許多創辦文教事業的人都是從商界進入，但我自己卻確確實實是從教育人員跨界到商界，其中的思考邏輯迥異，更重要的是，我還是個長年教授師資培訓的大學老師。

我覺得最大的拉扯是帶人、培育人，衡量商人跟教育人之間的平衡成為重要的事，耗能的事當然也包含這項，所以優先序與定位也在這個創業辦學過程中反覆翻攪。但我深知，私人企業理念實踐和擴散的前提是企業要能存活，否則什麼都不用說了。身為老師的我並沒有變得那麼市儈，是因為我重承諾，尤其這些支持我的不同群夥伴包含了投資人、教育界和公部門夥伴，是眾人成就了辦學這件事。此外，剛開始招生時遭遇新冠肺炎疫情影響，讓我更在理想與現實間掙扎。

教育人員是很特別的族群，除了一般所知的耐心、熱情外，還具備好學的心和學習力、反省力，要能隨著教師角色具有「不變」與「變」的特質，要能隨社會環境條件和趨勢移轉而改變，教育人員更不是完全聽命行事的一群，即使要聽命，也要花時間說明背後的原因和意義。

教育未來下一代的人要設法提升的是學生的思考力，倘若要老師「只能做我們希望你能做的事情，聽這個指令」，這在教育實踐上不是自相矛盾嗎？「表達」、「陳述」是重要的事，相信許多在處理教育相關事宜的公部門夥伴都能理解這其中的意涵。

我在公部門十多年，經常聽見有人抱怨：「辦了相關會議聽取縣市、學校端問題已經表達了不大可行，為什麼做出來的決定還是一樣？」教育或教養工作往往很難做到絕對值而是相對值，但期待的是雙方意見能共趨於相同目標而能解決部分問題。

教育對世界有重大影響，改變世界和個人不靠武器，而是靠教育。

只要心中謹記，「教育不應該是這樣子」，中間有什麼可以做改變或是轉換，能更柔軟地去實踐而不是固著於無謂的想法，也許有很多堅持的邊際線就沒那麼明顯，好比我在教育處長的位置上，也要能理解市長執政的困難，民意代表也有不負選民所託的壓力，但當時我確實調適得不很好，心中非常多掙扎。

教育永遠要有理想作為支持，剩下的就是累積準備加上天時、地利、人和。

任職康軒集團期間，有次有位同仁跟我提道：「校務長，我們發現這幾次開會，你愈來愈沒有光彩了！」其實就是因為我愈來愈不喜歡自己，發覺適合帶兵打仗的自己似乎已經失掉了熱情，看到問題或是改變的可能卻感到無從施力。

會離開康軒，也是因為跟李董有了默契，深知我不適合做幕僚，行動派的我更需要能發揮與跳躍的場域。這十多年所見所聞，我也明白人生沒有另一個十年可以耗費，但創業還不是當下的第一選擇，直到二〇一九年二月在桃園鄭文燦市長的餐會上遇到了Eva。

愛。分享

教育永遠要有理想作為支持，剩下的就是累積準備，加上天時、地利、人和。

在師培中心教學相長

在個人專業成長方面，教育工作期間，各式各樣的學生或家長皆有可能會遇到，因此，這個過程也會試煉老師帶班的教育經驗跟能力。

教育是多樣的，各種類型教育都需要。教育者面對的也不可能永遠都是小天使，不可能都是很好溝通的家長，因為教育本來就多元。

在師培中心授課時一直對師資生說：「初任教師愈早遇到難搞的學生或家長，願意提問的勇氣愈多，因為旁邊支援的力量會陪著你。當然，即使教書二十年的我也不敢說自己經驗豐富，都有把握。」

未來老師的培育圖像

能念到師範體系的孩子，基本上齊一性比較強，在

2017年臺灣師範大學正式成立師資培育學院。

學校的學業成就跟表現，至少都有一定的程度。我曾在上課時問師培生：「當你們進入教育界職場的時候，社會更趨多元，差異性更大。但作為教師，你沒辦法特別選擇服務哪些群體的孩子，你們的生活背景跟經歷已經這麼的齊一跟單純，那麼未來面對現場這些情況時，你們要如何去因應？」聽完問題後，學生們愣住了，看起來一臉迷惘。

每學期開學的第一次上課，我都會向學生說明現場情況和做為教育工作者的現實。成為教師的養成過程是辛苦的，這張教師證不應是職涯的備案。在我的課堂中絕對不會只呈現教育的美好面，畫出一個美好大同世界的大餅。倘若未來的教育人員進入真實現場，卻沒辦法應對和具備該有的準備度，那就是師培體系要思考的問題了。因此，在課堂上我總是會把現實拉回到教室裡，直接告訴他們，萬一他們出現了情緒管理問題，假如他們跟有問題的孩子對上，會有什麼結果？

將來可能面對怎樣的孩子，千萬不要都在自己的想像裡面，千萬要正視將來教導的對象思考模式是什麼樣，記得要將心比心。只是，不曉得他們有沒有聽進去？有沒有聽懂？

我告訴他們：「楊老師上課，比較不會講那些學術理論，而是設定教這門課最重要的目標，就是要讓你學到真正進入職場後可以運用的內容。」

網紅影響與網路世代

兒子的手機或電腦經常看的都是我所不知道的網紅，有的養貓、作科學實驗、教作史萊姆的，正經一點的會介紹電影劇情、人物或書，甚至我隨便舉部電影，孩子就跟我說他看過了，問他在哪看的，他回答：「臉書上的Watch有介紹啊！」天啊，這是哪門子看過電影，恐怕連他所謂的閱讀過一本書或文章也都是如此。現在的媒體世界，任何的主題議題幾乎都可以在社交平臺發生和教育。孩子曾問過我臺灣歷史發展，後來告訴我網路都有

2021年2月，校長、教授們召開第一次的民間師培學會會議。

教，原來他說的是YouTube的網紅分享，對於我不知道這些，孩子一直說媽媽落伍了！

但……究竟有沒有人可以檢視這些網紅說的知識內容到底正確與否？這議題似乎也不一定有人關心？知識性網紅粉絲的多寡是否也反映了市場淘汰優劣機制呢？

有次上課，我問師培生認識幾個網紅，請他們報出名字。不知這群學生是因為害羞，還是怕讓老師認為他們太專注於其他而忽略課業，居然全班列舉不出三個？但這應該不是事實吧！

我認為要了解下一代在想些什麼，要先可以跟他們有共同的語言。只要他的搜尋能力比你強，有時間耗在網路上，這個那個都能比你知道得多，那麼你如何跟他並肩？知己知彼，才能百戰百勝，用他們可以理解的方法去拉近彼此的距離，再開始對症下藥應該更容易解決問題。有人說，現在做教育工作非常難，因為老師得十八般武藝樣樣通，而不是只把書念好就成。好比我經常跟這些師培生說，去臺灣的夜市好好逛一逛，看人家賣些什麼，哪些好吃？學生就算沒有親自去夜市，也可以想辦法從其他資訊來源得知，只是這些資訊是否正確還有待商榷。現在知識的傳播獲得不一定完全來自教科書，老師也可以用各種多元方式來傳遞想要擴散的訊息。

教育角色的各種轉換

我邀請中央團的李老師來課堂分享，她開頭對學生介紹時的一句話讓我笑了出來，她說：「我認識你們傳蓮老師，但有點複雜，很難一次講完，因為這十年當中，楊老師的身分角色轉換太多了。」接下來她又說：「在中央的時候，她是我的面試委員，接下來到了縣市政府，她還是我的長官，一直到她當了政務官。現在則是大學老師，還出來創辦學校，這十年雖然不同階段有不同身分，但永遠都是在做教育工作和本分的事。」李老師幫我這十年的身分轉換做了註解。

邀請辦學卓越的企業創辦人擔任師培教育學程業師。

師範體制老師的形象應該是什麼樣子？早期，開放師資多元的政策下，讓具有各種社會經驗或真正想要當老師的人，有機會返回教育體制修習學分學程。我真的看到很多現場很具有教育熱情的夥伴，是知曉自己位置的態度來當老師。

進入教育職場前的準備

每次上課我都會調查學生是離開家鄉來臺北念書的比例，也提醒他們要感謝自己的父母，願意放手讓自己離鄉背景赴外學習，因為他們有機會看見不一樣的在地文化，看見不一樣的城市差異，也提早學習獨立與情緒處理。

教育是另一個場域的「服務業」，與人溝通交流頻繁，因而有技巧的溝通很重要。我們都知道服務業就是勞動跟情緒的付出，實際上老師在面對不同的學生時可能就有各種情緒，所以情緒管控對老師來說也是重要課題。然而這項能力從課堂是學習不來的，或許可以嘗試工讀，多體驗職業應變與應對進退，也能提早對自己工作職能有體悟和準備。

最後，歐美教育認為「玩」是一件重要的事，玩可以玩出問題解決力，如何盡力去玩也是很重要的事，不要玩到上不上下不下，想要玩得開心也要有技巧。像是為了要開心玩得無慮，要做哪些安排？或要如何取捨玩的項目？我認為當老師的人自己也要會玩，自己都不懂得玩了，要如何讓學生用玩來增能呢？

愛。分享

只有親自體會才能了解，很多事不是教學就能教會的。

陪伴孩子走過那一段路

有個一學期上課都坐在第一個位子的大學生跟我說：「老師，我很喜歡上你的課，所以我從來不缺席。可是前陣子在上你課時，我其實正滑著手機一直傳簡訊給別人說，我想要自殺、我想要自殺……」聽他講完之後，我很緊張，想著一定要再跟他聊聊。

跟學生的約定

這個學生說他高中的時候就已經出現類似情況，到了大一失戀後，一直到大三都走不出來。我詢問他是否有跟學校輔導處的心理師聊聊？學生回答：「學校的輔諮中心說我有憂鬱症，後來給我一張身心科診所的名片讓我去看醫生。我看過之後有吃藥，所以有時候上課會打瞌睡，晚上我一定要再吃一顆才有辦法入睡。」

聊過之後，我在上課時都會特別關注這名學生，常常請他發表意見，藉此讓他獲得成就感以鼓勵他；我也跟他做承諾契約，每次上課前都會問他當週的運動和活動量是否達標。我說：「老師有跑步和騎車，所以下禮拜開始，我們可以用手機計時計步，下次碰面再來一起檢視。」這樣的約定就是讓他產生一個轉移的動力和目標。

令人擔憂的是，這其實已經不是第一個跟我提出憂鬱或想自殺這種問題的學生了，其他班級也有類似情況。二〇二〇年臺大學生因為課業問題選擇自殺結束困擾，之前也曾有優秀高中生自殺事件，有心理健康問題的人似乎年齡層日趨下降。

也許我們都會跟孩子說可以去找輔導諮商中心，但這樣其實無法真正解決問題。孩子的心理情況是不挑時間、地點的，專業諮商輔導同仁所承擔的壓力相形日益沉重，他們同樣需要支持和鼓勵。我認為人際動力網絡連結、社會支持永遠是心理健康的關鍵因素，每個人能夠做的，其實遠比想像中更多，端看你是否願意對身邊的人伸出你的手。

愛。分享

關心不是口頭說說而已，行動上的關切更重要！

老師的角色

作為資深教育者，也是一個家長，對於老師的角色，我有些想法。

尊重教師專業，不要越俎代庖

辦學過程中，我看到家長各式各樣的擔憂，除了孩子的情緒、生活自理、課程、師資，也有關切幼小銜接問題的。

對於幼小銜接，我有一個很重要的原則和堅持：尊重專業，不因為家長需求而起舞。幼小銜接並不是反覆操練小學低年級課程，無論英文、注音符號，有些家長怕輸在起跑點而想要超前部署，殊不知，往往因此扼殺了孩子對下一個重要階段的動機和探索成就，尤其每階段的教育專業任務都不同。

就像曾有家長詢問校務主管：「你們能確保大班可以學會加減乘除嗎？」這種問題真的溝通耗時，因為其中不僅涉及教育專業，更重要的是雙方的價值觀。畢竟是辦學，因此我請同仁在入學前要充分跟家長溝通，即使招生不易，仍要讓家長充分理解這個學校的辦學理念，以及孩子畢業後能具備的素養和能力，以免在雙方陪伴孩子的過程中，信任基礎瓦解或耗能太多在學業上，結果學生仍最後帶著不愉快轉學。

愈簡單的事有時愈難教

香魚老師跟我說臺北教育大學請她開一門課，她的疑惑是：「數學系開課，我怎麼可能會教數學？而且是教幼教數學，數學系教授怎麼可能不會教幼教數學呢？」

數學系系主任告訴她：「就是因為是幼兒數學太簡單，我們才不會教，才需要懂幼兒的你來教。」

看似簡單的數學，要讓這麼小的孩子聽得懂，其實很不簡單，需要很多的方法跟邏輯，當然連教學語調都要轉化，所以愈簡單、愈基礎的數學反而讓大學教授感到為難。

教育也是如此，教育做得好，就國泰民安、家庭和樂，但是難就難在所有事物都具有教育性質，同時教育又好像魚兒在完全透明的魚缸中，眾人皆可一覽無遺，都能指手劃腳、指點一番。當每一件事都可能和教育相關時，教育就不再是簡單的事了，而且**愈簡單的事情愈難教**。

老師對學生的影響

再以一個例子來看老師的角色。我有次在師大課堂上請學生閉上眼睛，問道：「在求學歷程中，有曾經因為老師的話或行為感到受傷難過的，請舉手。」令人訝異的是幾乎全班五分之四的人都舉手了！

我再追問學生當時的狀況。有個學生主動分享了他的經驗，他在高中時，被某個老師認為是破壞班上氣氛的群體領袖，因此常在課堂上遭受那位老師的酸言酸語。

他說完後，全班瞬間安靜到不行，分享的孩子也因為喚起心中的委屈而哭到泣不成聲，接續分享的幾位也有些眼眶發紅或泛淚。學校學習是一段不短的時間，在孩子的心中總有塊空間是點點滴滴被填滿的，課堂中我也不願貿然挖出學生求學時不願提起的黑歷史。

身為老師這個角色，我們總會帶來許多不經意的影響，大多時候並不知道那句話或行為改變了什麼？但就因為作為教育者不自知，卻也無從發覺，因為影響總延伸好遠。也提醒我們從事這份工作的責任，因為影響會一直到不可知的未來，像極了潛意識，這其中包含情緒管理、說話技巧、幽默感、教學……，多一點正向的力量，就算是大學的孩子也懂得我們的愛和關心的，少抱怨、多承擔。

好老師的真正模樣

分享一個教書過程當中令我印象深刻的學生故事。他是金門某個高職的小孩，因為他得過很多技能方面證書，所以推甄進入了臺師大念書。我有一門課希望他們分享自己對於人生的規劃，以及想要進入什麼樣的場域。這個學生自告奮勇，他說他很堅持念完師大實習之後，要回到金門去任教。我問他為什麼？因為很多的人會想到，也不一定要回到自己的家鄉，他很堅持要返鄉。

他接續說著自己的經驗，他在念金門某一個高職的時候，碰到一個老師，跟那個老師不是很愉快，當時的他有一點被老師霸凌，遭受許多他自己覺得很不公平的對待，除了言語上的霸凌，還讓他受到班上其他同學另眼看待。

我問他：「那你為什麼還要回去呢？你既然這麼多不愉快，為何堅持要回到你母校去服務？」他跟我們說他「要去解救我的學弟妹。」講到這裡，全班瞬間安靜了，我繼續問：「為什麼這樣想？老師還在職嗎？」他回答還在職。一般人應該會想要逃離吧？但是他說：「因為我要回去，以同樣是老師的身分告訴他，怎樣才是真正的好老師，而且覺得我的學弟妹不應該再走我以前走過的路。」

一個不到二十歲的年輕人這樣講，著實讓我印象深刻。願意回到母校，應該是母校讓他有很多很好的回憶，結果不是。他在課堂上哭完之後，全班很自動地幫他鼓掌。

現場的老師，你帶給孩子的到底是什麼？你有沒有想過無意間講的話影響孩子多大？要孩子說真心話，首先父母和老師都要說自己的故事和實話。

老師的道歉

有個大學生上課分享高中分組上英文課轉組，他第一次轉到這個班上英文課，他很用功，所以選擇坐在第一個位置。這是他第一次上這班的英文課，因而不是很了解老師上課的每個習慣，但坐第一個又看不到其他同學在做什麼，他並不知道這門課老師在意的是有無做隨堂筆記。所以老師看到他只坐在那邊聽課，他就被叫起來罵了二十分鐘。

他說：「楊老師，我就這要被英文老師罵了二十多分鐘。」

我問他：「你有特別去跟老師說，你第一次上課不知道？」

他說：「沒有，我不想做任何辯駁。我就是被他罵，我就是被他小題大作罵了所有的事情，他的情緒都發在我身上。」

我接著問他：「那你日後怎麼面對這位老師？因為你還有高三一整年的課。」

他回答：「我超討厭這門課，我好討厭英文。」其實我在國中時也有過類似的經驗。他又說：「後來我對他的態度是，只要有他的課，我都不想上，只要有他的活動，我都不想看到他。」

我問他最後有什麼轉變？他說有，「畢業後的某一次，這個老師來找我了。老師為當年的行為跟我說對不起，」他說：「說實話，因為老師做了這件事情，我釋懷很多，但是至今不否認還是會影響我。但是好在他有做這件事。」聽完其實還滿慶幸這個老師能這樣做，雖然是在一年後且學生已經畢業，但他知道自己當時錯了。

孩子，這不一定是你的問題，也許是我們的問題。教育人員或父母不可能都不會犯錯，我們也都在試錯當中去學習，教育或教養本來就有實驗性質。A方案不行，就轉為B方案。但是如果老師真的錯了要檢討跟反省，這是老師恆久不變的特質和素養。老師上課的時間節奏管理是重要的，在節奏快速進行的同時，要抬頭看一下、關心一下你的學生，因為你的一個眼神、一句話，有時候不是潛移默化，而是直接一刀斃命。

我念國小時，也曾被自然老師叫起來罰站一節課並臭罵，我半句話都沒吭聲，這件事有沒有影響我？有，時間慢慢的永遠都在走，即使人不走動，時間仍在流動，因此我們必須跟著時間一起移動。在這個過程當中，因為很多外來的事情或任務，似乎沖淡了記憶，但是不一定會沖淡我們當時受傷的那一顆心，傷還在，可能只是先被其他事情遮掩了。

愛。分享

老師對學生的影響超乎你我的想像，所以教育者必須更謹言慎行。

我們讓孩子看到哪種背影？

孩子有樣學樣，親師溝通見招拆招

我們某一個校區，有次看到一個小孩臉上有傷，但不知原因，這種狀況必須先約談確認原委，規定必須要校安通報。孩子的母親來校後說明，這個孩子難管教，爸爸確實動手了。我在過程中旁敲側擊聊一些有的沒的，想要從媽媽的話語中找出可以談下去的共鳴點。

媽媽說：「家中有剛生的寶寶，手足間有時候會爭寵，所以姐姐哭鬧不乖時，爸爸慣常的作法是告訴姐姐，你哭鬧我就揍你，所以揍到身上出現了明顯的傷痕。有一天，剛出生的弟弟在哭，小姐姐就突然跟爸爸媽媽說：『媽媽，弟弟在哭，要不要把他揍一頓，他就不哭了。』」

媽媽講到這裡，我終於抓到了切入點，趕緊跟媽媽溝通：「姐姐就是學習父母的處理方法，以暴制暴的模式就在你女兒身上發生了。」

媽媽楞住了，過了會兒她才說，「那我回去跟我先生好好溝通。」從此之後，孩子的身上就再也沒有出現過傷痕了。

親師溝通，有時候不能只講道理，常常要能聊出家中的蛛絲馬跡，因為永遠沒有單純一種個案的處理模式，或是都能以ABC的形式進行。告訴你的方式永遠都只有原則加基本功，外加ABC不同模式的可能策略，真正要會運用，還是要視情境見招拆招。

學生的哈囉，帶給阿公阿嬤當天的驚喜

那年從臺東出發徒步到花蓮東海岸健行九十公里，這趟旅行也讓我看到臺灣花東的風土民情。

一路上，九年級學生因為規定不能交談，也不可任意聽音樂。跟班隨行的幾位女同學因為走累了又不能停，於是自我激勵要找樂趣，她們看到路邊的居民就大聲地說，「哈囉，你好啊！午安，呷飽沒？」有的居民聚集在下棋，被這突如其來的舉動嚇了一跳，看

十一號省道的健行路途。

2018年東海岸（臺東到花蓮）徒步健行90公里。

到走成一條長龍的學生已經很訝異了，聽到打招呼聲，一時之間不知如何回應。學生真的很可愛，即使沒有回應，仍舊繼續打招呼，經過幾次呼喊後，居民也開始問「你們哪間學校的？」而有所回應。

城鄉差距的真實在這趟健行中再次出現，路程中像苦行僧般體會東臺灣的在地風土名情，許多民宿因大環境經濟倒閉。經濟環境的差異和失業人口的樣貌，在非假日的地區毫不隱藏的顯露出來。門口或騎樓下，不時看到高齡阿公、阿嬤就坐在外面，寧靜的下午沒人陪聊天，坐在戶外看著路邊的車或眼神望向遠方。

2018年東海岸健行，巧遇從日本來臺以步行全島找尋自我的早稻田大學生。

學生突如其來的招呼聲，似乎讓他們在白天中驚喜萬分，也有阿嬤說：「下次再來玩啊！」學生邊走邊回：「好啊！」想必阿公阿嬤那天心情一定很好。

這樣的對話讓隨行的我感到溫暖、希望，並以孩子為榮，第一次覺得走這條花東路雖然很長，但看到了學生在學校場域外的單純、天真和社會希望，我認為很值得。如何讓年輕的孩子跟高齡者中間有連線的機會，也學習應對他們的態度？這點真的要盡速思考並納入課程，因為臺灣已經是高齡化社會，也因為我們都有變老的一天……。

愛。分享

孩子總是有樣學樣，所以希望孩子長成怎樣的大人，需要先注意讓孩子看到了我們的哪種背影。

素養學習如何接地氣？

畫夢想圖不怎麼難，但如何做？就如同一〇八課綱的立意很好，問題在於實踐方法呢？

從師資培育開始改變下一代的教育

基礎能力必然是形成素養的第一階段。某次中央輔導團夥伴分享，他拿出北京故宮圖，請學生從訊息文字中找尋北門的方位，學生分享判斷的因素涉及數學、地理、自然、國語文等基礎能力，這些素養能力的形成皆奠基在基礎知識技能。素養是抽象名詞，但我們每天都使用。老師或家長成為在培育過程中的重要角色，尤其老師要能把隨手取得的素材轉為教材，也反映出教育人員對於事物感受、敏感度、學習擴散延伸等專業都要持續精進。

學生在課堂中試著從眾多文件資訊中找出蛛絲馬跡，歸納出故宮的北門在哪裡。每個可能的答案都有判斷的基本原則。

這些資深輔導團夥伴們先後跟我說過，他們近年來除了勤跑現場外，也想過要跑師培機構，因為想要由新一代教師去改變教育現場。這些新生代進入現場後，他們的熱情跟活力、思考邏輯貼近這世代的孩子，用他們相互能懂的語言去教學，這是我們不同世代的人所不及的轉變。資深人員也許需要很大的轉換能量，但有時其實轉個念就變了，關鍵只在於意願。

好多人問我：「妳明明事情這麼多，又忙碌，為什麼十年來仍執意要在各縣市師培中心兼課？一小時的鐘點費也沒多少啊。」我不會自命清高地說錢完全不重要，只是覺得應該要有人在師培體制中做些不一樣的事，需要有人分享一些現場不同層面的新思維；以我累積多年的資源和人脈，能邀請專業的夥伴加入師培現

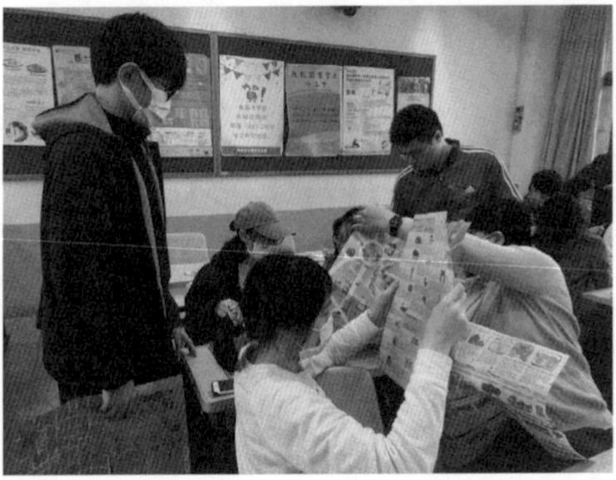

臺南在地的觀光文宣成為課堂中可運用的素材，學生嘗試從不同的文宣資料找出閱讀文本的差異。

場，就足以讓我慢慢實踐想法了。

愛。分享

教育理論支持自己的教學，以前的教學是教知識和以為對的事，相較之下，現在的教學是多元觀點。

科技運用於教學學習的斷層或迷思

年輕一代的教師運用科技媒體，多半熟悉而視為稀鬆平常，其中有很多老師都會在教學現場使用這類APP或軟硬體，但是因為培育過程或是培訓領域的關係，有部分老師其實不一定能善加利用這類教學工具的特性。

在現今網路媒體時代，年輕學子絕對可以跨越地理區域、甚至時代，學習到許多。二〇二〇年，我參與縣市校務評鑑，有校長向我們這些評鑑委員談到目前國家對資訊需求的挹注是有共識的，例如科技教室或相關數位軟硬體採購。

但在觀課現場，我們看到是這些昂貴的科技設備，無論早期的電子白板或現在的觸碰式大螢幕，新舊設備通通都在同一間教室，彷彿看到了科技時代更迭，但更令人在意的是老師會不會用、以及他們在課程中如何使用？

課程重點不在於是否使用了科技軟硬體

偏鄉學校的偌大教室中就只有兩個學生，每個孩子桌上都有課本和習作，老師用了新的觸碰式大螢幕。老師使用電子書翻書，課堂上出現的景象是老師持續翻著電子書，告知學生看第幾行第幾頁，就連習作的現場書寫都是如此。我們沒有事先跟老師共備，也沒有看到他的教案。

課後，我們幾個委員討論著：

科技工具融入教學應該是依據年級和年齡層有所差異或不同比例，對國小學生著重的是什麼？課堂上使用了數位硬體並不代表就是科技融入教學，尤其是國語文基礎，板書的一筆一劃在在都加深了學生對於這些文字圖像的感知，都是學生的學習過程。

舉個例子。有一次教學現場邀請了自然老師來，她說：「我們上自然領域的時候，一片葉子的葉脈，你每畫一個輪廓，葉子的平行脈、網狀脈，學生都在看著，會在下面跟著畫，也會注意著你怎麼畫，這跟純粹看圖片是不一樣的，板書也一樣，讓學生直接看到是怎麼寫下來跟記錄出來的，有些時候真的不需要透過圖片說明。」

這位老師說的就如同觀課看到的，明明兩個學生就真實地坐在教師前面，教材就在桌上，師生一共三人，但是學習互動卻要靠大螢幕間接互動，那麼真實的情感學習要如何發生？工具使用的適切性都應該要列入考量。我看到其中一個孩子從頭到尾都沒有抬過頭來看螢幕和看老師。評鑑委員來自不同縣市，我們都知道這是大問題。

設備無錯，關鍵在使用的人，不知道怎麼用，不知道怎麼跟課程結合。只要研習中學會了一個方法，就要想辦法利用團體社群創造機會運用在現場。

除此之外，要能設想如何具備一種能力。如果手邊沒有科技周邊裝備或素材，仍然能講能上，這才叫功力。這個功力要持續刺激與練習，也要有機會練功。

初任老師往往滿懷期待和熱情，也願意嘗試用新策略、學習力也最強，但面臨現場一次次的挑戰後，師培中所教過的方法如何學用合一，在教育現場也可能產生疑問。進入現場時所使用的策略能否符應修習課程所學？似乎在面對狀況的當下所想到的，許多都是自己學生時代看到老師帶班的記憶。然而，那時的策略在時空物換星移下仍能適用嗎？這點其實是個問號。

愛。分享

不要怕多作事：別人不願意做或不願意參與的事情，每一次都是學習，只會讓我們更堅強，這樣練出來的功力都是自己的，別人帶不走，永遠屬於你。

不是第二選擇

千萬不要跟孩子說不喜歡念書可選擇高職，它永遠不是第二選擇！

相較於臺北市立大學，師範大學中等學程的學生背景更加多元些。

突破框架，放掉傳統包袱

有一次課程的團體報告，有組學生全都是高職背景的孩子。報告中，學生分享自己在高職就讀，面對升學導向而受到差異對待的心情，說著說著，主報告的男生哭了！（唉，怎麼我的課常把學生搞哭啊？）

他的反應讓我更加想要提醒大家，老師講話是要負責任的，因為影響深遠，千萬不要貿然跟學生說：「書沒有念好沒關係，可以去念高職。」高職其實攸關國家未來的整體技術發展。

以美容美髮科來說，剪一顆頭一百塊跟一萬塊所付出的辛勞和努力是有差別的，後者需要天份和後天多少的努力。國中畢業做職業生涯選擇時，應該根據對自身特質、潛力和天賦的了解，而不應是學業不佳或不喜歡念書之下的選擇，因為技職和技術事關國家的整體工業和經濟命脈發展。身為教育工作者或為人父母者，應該要努力挖掘孩子的潛能，引導他們適性發展，而不應該貿然提出這樣的次選項建議。

面對這世代的孩子，誰能說得準他們將來的發展會出現什麼樣的情況？孩子閱讀學習的方式已迥然不同於他們的父母和老師，就如同二〇二一年大學學測作文題目，〈如果我有一座新冰箱〉，這個題目突破過往作文的方向，結合了孩子如何看待生命歷程、生活經驗以及真實或抽象情感，這些都成為了很重要的教學養分跟生活素材。我們需要在意的是如何突破與去除教養和教育所承受的傳統包袱，因為我們所面對的孩子多元、多樣且超乎想像。

愛。分享

我們需要突破與去除教養、教育所承受的傳統包袱，因為你我所面對的孩子多元、多樣超乎我們的想像。

文化體驗成為養分

文化形成的周邊因素很微妙，但這也是其特質！當異質性高的人群聚在一起，對團體組織來講是一個好的發展組成。這幾年我去過臺灣各縣市、大陸不同國際學校和香港大學等教育單位很多次，回頭看，即使臺灣這麼小，差異仍然不小，不盡然是經濟差距。同仁李老師分享自己以前念嘉義女中的經驗：「我自己是從嘉義縣的外圍國中進入嘉義女中，在學校就感覺到有城鄉差距，起初只覺得市區同學說的內容怎麼聽不大懂，後續的想法便是未來我要讓我的孩子在市區成長。」

每個人的生命背景和歷程等等，也對他未來教養孩子有深刻而且直接的影響。

很難得的是，擁有不同的文化脈絡，但進入到同一個場域，所擁有的基本能力和概念會快速的開創成長。

具有這樣特質、素質的孩子，可以稱為資優公共財，就像唐鳳政務官。如果社會上有這種擁有強大文化脈絡的人，他們有可能最後可以引導社會前進，讓社會發展得更好。

文化工具箱的重要性

已退休的國家教育研究院副研究員范信賢，曾說文化脈絡就像文化工具箱，而且每個人都應該要有文化工具箱，要能從工具箱中挖出東西，同時也要放進新的東西。在不同的場域中，這個工具箱要能適時的提取和放入。

對於「認同」、了解自己的方式可藉由多樣體驗、對話激盪來建立自己的文化工具箱，在不同的場域中不斷豐富經驗。

人們的行為意圖、表現和對事物的詮釋，是跟自己所處和體驗的文化緊密結合，更受文化的眾多因素影響。因此知道自己所缺乏的條件、感受……是朝向建立文化完整脈絡很重要的第一步。

在人生路途上的變動因素不少，我們沒有很多時機或時間去建立很完美的計畫，多半在人生藍圖、圖像和動機下就做了很多選擇和決定，因此文化工具箱的豐富性是很重要的判斷依據。

我在課堂上一直跟學生分享，我們不大可能知道未來的路，想做的事和結果常常不盡相同，因為這條路上會造成改變的人事物太多，但有個重點是：你是否知道現在要做什麼？

愛。分享

「我是誰？」的思考和擁有文化脈絡是重要的教養素質。

畢業典禮的制服

某年六月，我參加新竹市畢業典禮頒獎，臺上的幾位校長低頭說著：「你看一下學生，有沒有發現一件事？從制服是可以看出貧富差距的。」

經過校長們這麼一提，我整場很認真地觀察著。家境好的學生參加畢業典禮時，制服整整齊齊、雪白乾淨還摺邊燙邊，鞋子也擦得鐙亮。但也可以看到，有的孩子在這樣的重要場合卻無法如此，只維持平日的樣貌，甚至可以看到有些家長可能剛趕過來，連工作制服都來不及換。

觀察細節，更能看出不同

說實話，因為工作職務之故，頒了這麼多獎，但我對學生衣著的觀察，停留在制服上較少，因為便服能顯現的經濟差異較為明顯，但如同校長所說，細心去觀察制服和鞋子的狀態，還是看得出經濟差異。

不過現在的世代幾乎沒辦法單純以手機品牌或外在衣著來評斷孩子的家境，因為他們的改變超出我們以往的價值觀，他們可以接受買二手物品，也可以接受打工賺錢來滿足自己的物質需求，會努力想要讓別人不注意到他的經濟差異。現在並沒有真正的貧窮，只有相對的貧窮。

愛。分享

看事情不能只看表面，觀察入微是很重要的班級經營技巧。

自我挑戰

這幾年我的生活變化很大，挑戰了許多以前從未想過的事。

走路沒這麼容易簡單，要看你什麼情況走

二〇一七年我登上人生中的第一座百岳雪山，這次的經驗檢討起來，自己實在太過輕忽行前訓練和裝備了。登山過程中，因為體力不支和腳受傷之故，無暇顧及沿途風景，因為要很專注的爬，所以差不多只看到自己的腳，腦袋幾乎放空，才不會失神受傷跌倒，聽起來很簡單，但絕非想像中的只是爬完。

要攻頂的當天，清晨三點準備出發，周邊完全沒有聲音的進入雪山黑森林，過程中只聽到自己的呼吸聲，專注的用頭燈看著腳下，白天返回，走原路回來才發現

2017年人生第一座百岳雪山。

旁邊是懸崖。

爬山的過程中，有個學生說：「只要爬過這座山，我這輩子再也不要爬第二次了！」這句話是老師辦活動最不願看見的結果。

為了登百岳，期間的準備，要如何讓學生參與過程而更具意義，而不能讓以為配套周邊全做好的美意而妨礙了學生的未來學習。整個過程中我體會了「準備、抗壓、尊敬、自我對話、團隊」的真實意義。轉個身，天氣驟然變化迷失，每一步跨出的穩健和踏實也攸關著生命，在這座山的包圍下，人顯得渺小不足。

二〇一八年東海岸健行九十公里，體驗到走一公里跟走十公里完全不一樣，而山的安靜、聆聽也是學習跟體驗，進入深山讓自己跟山融為一體，以敬畏、認識的心踏入、接受山的一切。

教育學習過程很重要，尤其是這樣高強度的活動課程，可能的周邊配套措施都要納入學生規劃學習的範圍，但安全永遠都是第一，教育團隊所能負載的風險管理要整體評估，願意做這樣規劃課程的夥伴們，為你們的付出和承擔表示高度敬佩。

2018年花東單車行經臺東路段。

筆直的路看似安全，其實是最危險的

二〇一八年我參加了花東單車騎乘，在騎單車的時候要不時注意左右方來車。我們一直被提醒著：看起來筆直的一條路，且有一點點下坡，騎車感應到風速的感覺，這往往是最鬆懈之時，也就是最容易發生危險的時刻，永遠都是安逸輕鬆的情況，這時候反而更要提高警覺。你以為的安全與風平浪靜，就像安逸之路令人懈怠而缺乏危機意識。

走路看似很簡單，卻容易鬆懈，因為你往往只看到風景或前方而看不到路邊的障礙物，這點不就跟我們教課一樣，愈簡單的概念往往愈不容易教；現在流行的生吐司也是這個道理，麵包師傅的功力盡顯於此。

愛。分享

有勇氣挑戰未做過的事，才有創造的可能；而持續平穩安逸下，容易讓我們鬆懈而陷於可能的危機。

第三部

堅持與改變

身為教育人的堅持不敢稍有或忘，

因為那是我們的理念。

對的人永遠都有答案，

因為我們明白唯有行動才能實踐夢想。

創業辦學之必然與偶然

因為緣分成就了辦學

有一次桃園鄭文燦市長的青埔招商餐會，因為李董無法出席而請我代表參加，順便認識桃園當地相關業者。餐會進行到一半，大家在聊天的時候，突然有一個女子來找我，她自我介紹是學校家長，當時只是交換名片也沒多聊，之後也沒再聯絡。

半年後，在上海出差要準備登機返臺前二十分鐘，接到臺大EMBA的同學電話，希望能安排臺灣上市公司投資的南京幼教集團去參觀康軒集團的大陸校區。於是我緊急連絡公司特助，希望能從臺灣先連絡上，畢竟集團也有出版幼教產品，如果南京幼兒園能購買相關產品，對公司也有益。終於在飛機進入跑道前，獲得正面回應，確認了此次交流參訪。

返臺後確認了參訪時間，才得知原來是當時鄭市長餐會中主動來交換名片的郭小姐，她的目的是要幫自家公司投資教育事業而安排這場交流，人生怎麼有那麼巧的事？參訪中，我們聊了好多，她突然問我：「你從公部門來到業界，有沒有想過下一步要幹嘛？未來有沒有

2019年三十六小時台北－南京，拜訪完臺辦主任後，趁空檔赴中山陵。

2019年跟Eva於南京夫子廟合照。

可能有自創品牌的合作機會？」

也因為這次對話，二〇一九年四月中，我請了一天假去南京幼教集團參訪，了解大陸市場，還記得那次是三十六小時火速往返臺灣、南京。不過當時我還沒有想要出來創業辦學，直到二〇一九年五月參訪臺北市立大學附設幼兒園的學習區，在那個天空好藍的下午，決定了自己的下一步，決定創造人生可能性和第二曲線。而Eva自那之後，始終陪在我身旁，以行動支持所有資金調度和財務運作。

即使我們吵過架，她還是說：「就算所有投資人，或有投資人不信任你，我永遠不會走，因為是我把你拉出來的。」我對她說：「Eva，你雖然是財務專業，但真的要同理心懂我、理解教育人堅持的特質，就是尊重，但絕不是自命清高，因我們就是要把這種態度教給下一代！」辦教育，資金不難找，難在共事的教育團隊和懂教育人的財務主管和投資人！

創業過程聽誰的？

創業的過程中，可以看到人性的考驗。我不否認，創業有時候必須要有權威，因為在創業過程中，帶頭的人要承擔所有事情，有很大的責任跟承諾，創業領導者就是要當讓團隊馬首是瞻的那個人。

我看過一篇文章，說哪有什麼投資人分工表，因為每個人都有他自己的意見，分工就不用成事了。可是作為創業發起人，大家唯他馬首是瞻，成敗勝負就是由他承擔，例如當初選品牌Logo時，讓大家提意見，在形式上增加大家的參與感，實際上品牌的藍圖和定案就是由創辦人來決定。

愛。分享

雖然不能馬上看到改變，但是堅持行動，改變就會一點一滴的出現。

從我的幼兒園開始改變

因為幾件事情的堆疊交織，才引發了我的創業行動。

創辦的初始之心

二〇一九年四月，我受邀參訪目前授課的臺北市立大學附屬幼兒園去看學習區。我還記得自己好似孩子般，在那個晴天的上午，在市大附幼的草地上，看著湛藍的天空跳著。我轉過身跟溫儀詩校長說：「決定了，這是我即刻要做的事，這才叫幼兒教育。」

真的，好久沒有這種熱情澎湃的感覺了，也覺得二〇一六到二〇一九年頹喪的我突然間消失了，而那個原先對教育充滿熱情的自己活過來了。最後再推了我一把的契機是，二〇一九年清華大學舊識夥伴邀請我踏出了實踐的第一步。真的很感謝夥伴們總適時地在不同時間、空間出現，陪我一起共創美好未來。

對教育的熱情讓我繼續前進

任何人都需要能讓自己眼睛發光的場域。以前有一個公務同仁跟我說：「二〇一六年前你在講教育的時候，滔滔不絕的陳述願景和做法，眼睛都是發光的，可是這兩年我們看到的你，已不是那個你。」二〇一三年德國參訪已是數年前了，公部門的節奏和私立集團的繁忙等有許多不是自己可以掌控、發揮的，但對下一步，我很明確知道自己的方向。

那時候唯一讓我還有熱情的就是，我對全市教育的想法，那時候很有熱情，我覺得終於可以為這個國家奉獻，帶領團隊一起做些事情。一直到臺北市立大學這個時間點，覺得我要站出來，因為很確信自己要做這件事，而且我有團隊。所以這件事是我在整個教育的一個形塑，它並不是從零開始，我覺得很多的教育想法跟哲學都不是從現在才開始，是從以前就開始了。

就像有位學校同仁在她自己臉書分享說：「我的前面有一個追夢人楊老師，她總是有很多想法，我在後面一直追著她，都快喘死了。她身邊缺的應該都是陪跑員，而我們全都是陪跑員。」一直向前，是我一貫的作風。

好不容易立案完成後，沒想到二〇二〇年會遇到影響全世界的新冠疫情，開學當天只有三個學生來報到，原本承諾要入學的家長很多都因為疫情而不敢送孩子來。新的學期，學生僅有三個，教職員都比學生多。

一家成功的企業是由企業中所有人，包含老闆與各級員工共同堅持、努力而成功的。一般企業是商業人士進入教育事業，而我們的學校是一群教育人進入商業界。有位大長官提醒我要拋開部分教育的氣息，因為這是商場，處處是戰區，只要奮力迎戰就好。重要的是，一旦遇到拉扯，記得**喚起自己對教育柔軟的心**。

愛。分享

永遠記得自己對教育的初心。

最重要的事

那天邀請一個中央團的同仁來我的課堂上分享。她跟我說：「傳蓮，你邀我們來，我們一定來，因為我們覺得在目前的教育現場中去跟老師分享策略，改變的可能性沒有那麼大，因為已經僵化固著了，即使來參與的老師學會了，回到他自己班上也不一定會做，改變的可能只有瞬間的念頭。但是如果今天我們可以在一個初始、還算一張白紙的地方去做這件事，意義不同，結果也不同。因此，你找我們，我們一定來！」

有機會從師培生身上撒些種子也好，要一點一滴的累積改變也好，改變不是一個人改變，而是所有人都做一點點改變，就能真正改變。

錢常常是重要的，但不是都很重要

有人會用鐘點費來衡量，說我去師培中心授課完全不符合成本效益。對我而言，優先要考量的並不是鐘點費用。

從不同面向去看這件事，思考邏輯當然就不同。經常有人跟我提到，「你是難得待過產官學……」我說對對對，處理一件事情有不同面向，不同的位置有不同的思考邏輯，而且理論還是要跟當前社會脈動結合，有所權衡之下，決定就不同。所以就如我之前說過的，因為考量過各個層面，所以最後的決定都是適當的而非最好的決定。

我希望可以在師培中心跟這些未來的老師對話，即使他們現在不能完全理解，講不出所以然，但我相信，只要反覆跟他們分享與對話，雖然未來的效果難以推測，只要多少有一點能進到他們心中就好，即使只是讓他們「有感」也好。因此在以上的考慮面向和教書的意義下，當然就不是成本和鐘點費的相較問題了。

愛。分享

如何定義成功？哪件事對你最重要？這把心中的尺是人生路上一定要把握好的事。。

辦學的堅持

從二〇一九年開始，學校至今已辦理超過六十場辦學理念分享會了，之前在林口的某場家長分享會，有位任職廣達的家長問我，為何要辦這麼多場分享，而且還由執行長親自出馬。

他問道：「你是執行長，也是創辦人，為什麼說明會要您親自從頭講到尾呢？」

我回答：「平常說明會都是由我講教育理念，實務部分則是由現場的主任來說明，因為平日事務要以孩子的學習為重，而今天是平日，所以我跟老師說：『今天的活動交給我就好。』」

讓夥伴相信任務的使命、價值、為何而作是很重要的事

雖然我沒有完全進入這個階段的教育現場，但是如果連我都沒有辦法說服這些家長，真正的教育實踐是什麼？課程教學發生的真實互動是什麼？要是我自己都無法講出來，要怎麼讓這些家長相信優質教育的樣貌。教學現場永遠都是最重要的，老師不可以缺課。老師不能因為學校分享會而請假或找代課老師任課，要以學生為中心，因此平日場的說明會就只能由我從頭分享到尾了。而一場場的分享會，是想要認真的告訴這些家長，請他們相信教育的樣貌應該是這樣的；我也堅持一些可能，希望家長聽完說明會後，確認與學校之間的互信，再共同陪伴與協助孩子學習和成長。

這位家長聽完我的解釋後，看著我回應：「我很相信你的話，因為公司有一位同事告訴我，他去聽過新竹場分享之後就變成了你們的粉絲，你們來了林口，他依然也來聽說明會，確認是否符合他對教育的想法。會後他很興奮的告訴同事們，這才是教育人，他也跟廣達同仁推薦有機會要來聽聽你們的想法。」

真的，這段話給了我們這些人好大的鼓舞！原來傻傻的認真做教育工作，也終究會有人發現。

與最支持我們辦學的地主之一黃大姊，在她2020年底生日餐會合影。

從跟地主洽談開始

二〇二〇年十一月，我面談應聘林口校區的老師，這次面談有三個小時，這位老師邊講邊哭，她對我說：「對不起，我很難止住我的眼淚。這個社會怎麼還有你這種人，願意這樣辦教育，創立一個教育品牌。」說實話，當下我委實不清楚到底哪個點觸發這位老師，讓她想哭？後來才知道，原來是因為我告訴她：「辦學校有很多困難，例如第一階段就是找土地，找土地要看緣分，我在四個月內談了幾個案子，甚至到已經約好要簽約的那一關，卻發生一件事而談不成了。但微妙的是，目前的用地，連同確認合約，卻大概一個月就談成了。我開車經過這塊地，第一眼就看中它，後來因為土地兩邊都是豪宅，因此一開始就放棄。後來因為看了很多地都不成，財務同仁就跟我說：『你就再看一次吧！』因此才沒錯過緣分。」

洽談過程中，地主之一的黃大姊原本都不打算跟我見面，她說直接簽約就好。可是我很堅持，我跟仲介說：「請轉告地主，我單純只是想要讓她知道我們在這塊土地要做哪些有意義的事，未來可能的影響是什麼。」還有一個原因是，如果我都沒有辦法說服地主願意因為學校的教育理念而以較低價格把土地租給我，那麼未來要如何說服家長信任我，讓孩子來就讀這所學校？這對於辦學是很重要的歷程，因此我一定要親自向地主表明想法，也讓她認識我。

要怎樣看待這份合約？作為教育辦學者必須捍衛、保障租約期間可以安然地把學校永續永存的辦好。教育是百年事業，創辦者要顧及的是學校師生和為教育付出的這些人，這些並非只是保障工作權，不能用錢來衡量，也不適用於契約。

教育人而非商人

林口的第二場說明會上，會後有位新竹科學園區實驗中學國文老師跟我說，本來她想要問十五個問題，但問到第二個就不問了，她說：「你們是教育人，而且聽得出來你們很堅持一些教育的可能性和想法。」

每次我們團隊一出去，都會有人跟我們說：「你們，不像商業界的人。」我都很驕傲的說：「對，我們就是教育人。」我很驕傲自己即使進入業界仍能保有教育人員的氣息。

辦學過程中，有許多家長滿懷期待，不斷有人詢問有關特殊教育、早療、職能等孩子的現況需求，許多私立學校會考量學校現有資源，進行所謂的「面談」。在教育現場，除了招生的現實考量外，不能用篩選、拒絕的邏輯來做教育。家長對學校的期待是孩子能在安全的環境下得到教師的協助，希望孩子在專業協助下成長，即使是特殊兒童。我們堅持即使現在學校辦不到，至少要告訴家長，他的孩子有哪些可能的方法和去處，協助轉介。

學校一直以來的堅持是，請家長不要貿然報名，一定要來聽一聽說明會再報名，因為教育講究的是學校和家長是合作夥伴，彼此要溝通、要取得共識。

同樣的，我也提醒老師們，在家長願意相信我們的教育理念讓孩子入學前，一定要在註冊前就了解孩子的情況，也要多方去跟家長溝通，並要盡量回應家長提出的問題，千萬不要等到孩子入學之後，花更多時間在行政上的溝通，而應專注在孩子的學習歷程和共同成長目標，更別讓家長和孩子帶著不愉快的經驗離開。

一起學習情緒管理

在職場中，難免會遇到某些事情而扼殺了往後的熱情，因此老師們當然也可能面對類似的情況，所以基本對教育的熱情特質、自我調控跟自我修復能力必須要夠強，即使遇到許多令人喪志的事，也要能從負向轉為正向力量。要是負面情緒堆疊難以復原的話，長久以後，不管對老師或對學生都不好，會影響價值觀和看待事物的態度。

現今孩子學習和所接觸的東西，比以前多太多了，學習的途徑也超乎想像，會影響孩子成長和性格的各種因素也變多了，且難以找出軌跡跟模式，因而對教育工作的挑戰也增多了，既有經驗也不一定能完全適用。因此，持續學習更成為父母和教育人員必須具備的特質，也要願意嘗試用實驗教育的概念，因為教育原本就具有實驗性質。

嘗試和探索不只適用在學生身上，對於現在的家長和老師更是挑戰和學習，應該要加快腳步跟上趨勢。

愛。分享

如同服務業是「勞動」和「情緒」的付出，教育人員除了以上兩者，更需具備教育專業素養。

辦學面面觀

因為我有公私立學校的辦校經驗，也在此分享一些辦學困境和實際情況，希望能提供一點經驗值供大家參考。

校地取得與籌備人才問題

公私立學校籌備過程中會遇到的問題與私立學校不同。公立學校用地是國家的，因此在尋找校地過程的第一關相對比較順利，畢竟有政府在背後支持。私立學校在第一關用地卡關的機會非常大，以我這幾年服務的經驗是兩岸校地的覓得和接洽很折騰人。

在公部門時，要籌辦一所學校往往是需求來推動完成，對籌辦學校的特色想像與考量不同於私立學校的定位。例如，籌備公校時思考的是誰適合做這個學校的籌

2021年1月林口校區現勘。

備校長，尤其校長的籌備經驗和總務主任常是重要的考量因素，也就是籌備過程中，大概就是校長、主任或組長三人；服務於私立集團時，籌備學校期間是團體戰，在臺灣教育環境中，擁有創校歷程跟經驗，同時又具備課程領導觀的人才很難得，而且不可能只有教學經驗就讓他來擔任創立的職位，那很容易陣亡。也就是辦校過程中每一階段所需的專才特質都不同，有的人適合打前鋒、有的適合中鋒、後衛，而我就是上馬將軍、下馬帶兵。

私立學校的定位和特色要清楚，畢竟是教育市場機制風險為高，當然也提供家長教育選擇權。

既然是公立學校，校方必定要承載很多公平正義、資源分配的政策現實面考量。而找到對的校長，就好像在拉粽子的那根線，抓對了，一串都能拉起來。任何的資源網絡建立都是重要的，要以學區概念成為合作分享網絡來運作。

私立學校更有土地取得變更、建築執照、使用執照、立案、師資招聘等問題，公私立辦學的情況不一樣，兩岸教育制度與文化不同，要考量的便大相逕庭。私立學校的師資、招生和董事會的運作支持是關鍵。

相對於公立學校，私立學校容易碰到的問題是教師的流動性和支持度，好比我之前待過的康軒集團學校，即使薪資和福利不錯，教師想去公立學校服務的目標仍是可能的堅持。

老師的熱情

有一次我擔任甄選委員，中間休息經過教師休息室，聽到一位老師跟他的同學說：「今天如果考得上公立學校的話，我就可以等著退休養老啦。」我聽到這句話，愣了一下，倘若教育界新生代老師十個中有幾個是如此思考的，那麼他們面對孩子的熱情和態度在哪裡？

公私立學校都會碰到師資問題，但也有好多非常熱情的老師進入教育職場後，熱情被削減了，這幾年的教育改革，其實大部分原因在於熱血教師感染了其他原本已經開始頹喪不前的老師。

老師們會互相吸引同質、有熱情的人，也會選擇一個自己嚮往的場所，所以面談員工和老師時，我也跟員工分享：「現在雖然是我在面談你，可是希望你也抱著面談我們的想法，因為你一樣需要找到一個願意跟隨的工作場域。」

首先，就是一些重要的觀念和想法必須相近，當然我們彼此可能都會有一些小小的不同，可是基本的價值觀要一樣，不然在這個職場就會過得很辛苦。

我深信每個老師願意一直留在教育的路途上，心中一定有一些特質跟熱情、觸點，要不然有這麼多工作可選，為什麼要選擇一條難走的路。我甄選時老師時，很少用薪資跟福利去吸引人，而是用價值和信念，也明確告訴他們，來這邊工作可以實踐真正想要作為老師的理由、可能可以改變的事情，以及企業的社會當責。

我們都是別人生命中的拼圖

看待自己或是大環境，首先你要高度認識自我，要做可以實踐自我的事情，也要很理解自己缺乏什麼，找出可以補足的方法，並自我補足和自我滋養。但是千萬別忘了，也可以用別人所有來補足你的缺乏。這就是我所提到的夥伴協作。沒有人是全能的，每個人就像拼圖上的拼圖片，你一片我一片的拼出畫面。在我到目前為止的人生過程中，覺得「拼圖」這件事異常重要。因為一直有夥伴在我身旁，他們往往會告訴我，「楊傳蓮就是拼圖裡面最大塊的那個。」而我認為：「我是拼圖裡的磁鐵，把其他拼圖片都吸過來。」

我把這些脈絡、系統甚至零碎的片段，拼湊牽線成為一個可能的圖像，每個人都不是完美的，例如我們有兩隻手，當一人使用兩手輕鬆自如，但四隻手搭建時可能有點卡，但只要其中任一個把手縮起來，邊邊角角就可以順利拼接，不要只想著把手都撐開去妨礙別人，個體還是存在，只是隱藏起個體的某個區塊，比如脾氣、自私……，再以協同、溝通來進行，就能成就事情，更重要的是可以成就自己的動機跟心智。

在創辦學校的現在進行式中，其中包含了投資方、技術夥伴，分工仍會有好多意見，但我認為創業過程中真的不要太過計較，現階段目標要很清楚。倘若在創校初期便不斷計算這些事情的比例，你貢獻多少？我貢獻多少？一旦開始計較，注意力和目標就會歪掉，就不可能成功。

就像某次在師大課堂上做了一個調查，問學生認為分組報告還是個人報告為佳？學生回答：「老師，我們其實都不喜歡分組報告，因為有的人就是永遠沒空參與討論……。」然而社會就是要團體成事，所以分組跟夥伴關係永遠都是必學的工作跟任務，不妨提早開始學習。

愛。分享

社會的運作求取平衡生態，始終有一批人在做市儈之外的事，不問對不對，而願意實踐堅持又柔軟的心，這些聰明的傻子，不問付出，只問為社會和未來做了什麼？因為他們知曉，唯有去做，方是為自己的未來打拚……。

對的人永遠都有答案，不對的人永遠都是問題

新竹市關埔地區新生兒很多，因此需要快速成立一所小學。創辦學校歷程中，籌備學校校長異常重要。有句話叫「三顧茅廬」，我在教育處長任內，邀請陳思玎校長擔任籌備校長，歷經從親自去校長室懇談、邀她吃早午餐，就連老同事的情感勒索全用上了，她幾經思考才答應了我。

二〇一六年預備要離開公職時，我跟幾位同仁說：「你們都是我邀請來的，雖然我因為個人生涯考量要轉換跑道，可是你們都要留在原來的位置上，等做好原先規劃的業務才可以走。」後來，第一屆華德福學校的王美珍校長在二〇二〇年八月才退休。這些都是教育人該做的擔任和承諾：要完成階段任務再交棒！

校風不因領導人離開而改變

學校經營是即使校長換了，教育團隊和優質文化仍能持續，甚至能更創佳績，才是領導有方。學校的優良風格文化，要一如往常，持續水準而非因人而異。

有次林口分享說明會後，一位家長跑來找我，我從她的語氣中感受到些許的焦慮和矛盾！

她問：「周邊的親朋好友告訴我，選擇幼兒園時要面對現實，因為進入國小，老師就是不會等人，如果孩子小時候開心的學習，啟發了他許多想法和各種能力，等進入體制內小學會適應不良。請問，真的是這樣嗎？」

心智開啟如同一條不歸路，讓孩子擁有素養能力，就像讓他擁有了萬能的鑰匙般，我們期待他能用這把萬能鑰匙開啟所有他想去探索和享受的門後的世界。

即使開啟的是艱辛的門後世界，那也是一種學習，等他把鑰匙重新擦亮拋光，調整好了，他又能繼續前進。

一旦讓孩子從小就被侷限在單一框架中，以為那叫「為未來的生活做準備」，而這種未來生活，其實只是不斷的反覆填鴨和跟上老師的腳步，那麼日後孩子不但會失掉他的萬能鑰匙，更會失去面對不同世界的勇氣。

最後，那位家長問：「楊老師會一直陪著我們嗎？」

我回答：「會的，我一直都在。」

愛。分享

不論是民營企業或學校經營，領導人離開後仍能持續原有水準的，才是好組織。

學以致用的驗證

之前曾面談一個行政專員，她是東華大學社會系學生，她跟我說：「老師，這是我面談的第一個工作，後面有兩個工作要面談，所以不急著做決定。」

我回答：「年輕人去多試試看看也好。」但是在好奇心驅使下，我接著問她：「那你後面兩個面談的工作是？」

她回答：「因為我以前暑假賣過電器用品、咖啡機，跟前輩學習當業務，很有成就感，所以想去試試看，我接下來要去應徵全國電子的業務。」

我鼓勵她去試試看，「去了才知道你喜歡哪一個。不過我建議，初入社會，選擇的第一份工作最好跟所學有關，我給你一個禮拜的時間考慮。」

以工作驗證所學

一個禮拜後，她回覆說「想要來老師這邊上班」，我問她為什麼？她說：「老師，不知道為什麼，你跟我講過的一句話，在面談過後那一整個禮拜中，我腦袋中就是一直迴響著你那句話，所以我最後還是來了。」我說了哪句話影響這麼大，我自己都不知道。

她說：「因為你當時跟我說，初入社會的新鮮人選擇工作，最好要跟大學或研究所所學的有關，這樣子才能在社會驗證兩件事，第一件是，你以前學的東西是不是有用？第二件事驗證的是自己，在過程當中體驗學習，才能知道自己要什麼？只因為你已經花了前面四年或六年在學這個專業，要有機會驗證，如果進入社會後發現真的不喜歡，那就證明之前真的是浪費自己的時間和金錢，不過我們也不是只為了認證這件事而來。」她接著又說，「老師，不知道為什麼，你這些話一直在我腦中出現。」

她來工作了大概四、五個月，工作表現得不錯，讓我想要儲備她，所以先問問她對學校的想法。她說，「我還蠻喜歡這裡的。」那就好了。

我告訴她：「你念的是社會學系，又做過永齡基金會的志工，不能只想著要去賣電器用品？其實辦學校也有業務特質，教育也算是某種程度的行銷，因為要把你的想法行銷給學生，這也算是在賣產品，不是跟你在全國電子賣商品很像嗎？」

愛。分享

社會新鮮人的第一份工作最好和所學有關，才知道是否虛度了學校時光。

不曾忘記自己的文化根源，但更想實踐理念

有一位候用校長要參加學校遴選，她苦惱著來找我，想聽聽我的想法。

因為遴選中有一條條款是：校長不能有雙重國籍，而這位溫校長具有雙重國籍，因為她是馬來西亞華僑，父母兄弟姊妹都在海外。她問我：「有這一條條款，我該如何是好？我是否要誠實呈報？還是該放棄國籍？我真的好生猶豫，因為我真的好想去遴選這所學校。」

我問她：「妳為什麼要去考校長？」

她說：「因為我想要長久做教育啊，覺得當校長可以發揮更多、可以幫助更多人。」

我回答：「對啊，不然妳幹嘛要考，那麼妳其實心裡已經有答案啦！」這位候用校長就是現任清華大學附設實驗小學的溫儀詩校長。

教育理想更勝身分象徵

我跟儀詩校長很有默契，她總說我是她的貴人，「因為你一路帶著我、看到我的不一樣」。我確實看到了儀詩的不一樣，她有教育專業，還有一顆善良溫柔堅定的心和永遠年輕的外表。她曾笑著對我說：「你總是把一件看起來很難做的事情，做得看起來很輕鬆，也都不會跟我們講困難在哪裡，就默默把事情完成了。無論在公部門辦學或是自創品牌，都是這樣。」

過去在不同場合討論事情時，我和她總是可以很快抓到重點，相互補位，這是我們的默契。我知道，對於溫校長而言，數年前她看待生涯教育職場的實踐大於保有馬來西亞國籍的象徵意義，至今她已能完全釋然而無不捨。

人生的決定說難不難，說簡單也不簡單，放棄國籍事關文化認同和家族情感，對於大學就來臺念書、在臺結婚生子的儀詩而言，她在乎的不是國籍，而是心中剪不斷的感情，身分證明常常不只是一張紙，而是滿盈的複雜情緒、文化情結和發生的歷史存在。

每個人多為孩子做一點，教育會更好

在新竹市工作數年，對於科學園區並不陌生。某天我接獲一個基金會的邀請，希望我去擔任董事。人生有許多奇妙的緣分，因為擔任了聯詠基金會的董事，我才了解原來長期贊助新竹市富禮國中射箭隊的就是聯詠科技。對這支臺灣在奧運為國爭光的射箭隊長期關注支持已經有十年之久。

聯詠基金會的貢獻

富禮國中是父親由縣市政府職務轉任校長所創立的第一所公立學校，他之前是省廳時期跑遍各縣市的政府官員。我參與基金會事務後，才知道原來一直都是何泰舜董事長在支持這所學校和香山區的小孩，更因為有基金會的幫助讓臺灣在世界體壇射箭賽事發光發熱。

何泰舜董事長（右一）、閻亞寧董事（左一）與國家射箭隊合照。

何泰舜董事長大學時就爬百岳，是一個很務實、高格局的前輩，他也帶著身邊的夥伴一起去挑戰百岳。勇於挑戰、超越自我是成功創業者很重要的特質，我在何董身上看到了這兩者的實踐。

我擔任基金會的董事數年，何董每次開會都謙虛地詢問大家對基金會制度和年度計畫預算的想法，對每一次基金會運作會議和所有事宜都非常踏實的執行，絕不虛應故事。

二〇二〇年底，董事會議主題是聯詠基金會的第一個十年，何董問了董事們：「今年是第一個十年，想聽聽大家對於基金會定位、運作或轉型的想法。」這晚的餐會對話間，我對何董有了更進一步的認識，他說：「當初成立基金會單純是為了偏鄉學校的弱勢孩子們，

於新竹喜來登酒店與國家射箭隊以及倪大智教練合照。

設立獎學金則是想要培育高等教育中的博碩士生，並沒有想要出名，所以一直低調行事。」

教育是一件細水長流的事務，何董說了幾次「自己不懂教育」，其實從他的作為來看，他一直都理解，對於社會的貢獻和改變永遠都要從基礎著手，因此將基金會的使命、宗旨定位於幫助偏鄉弱勢地區的孩子和經濟上需要協助的高等教育學子，因為深知改變生活、創造未來，關鍵在於只要為這些孩子多做一點點，他們的人生就會不同。

愛。分享

教育是細水長流，需要更多的涓涓細流。

兩岸的差異

二〇一八年，我走訪康橋昆山校區，無意間看到辦公室洗手槽裡面有茶葉渣，還有廚餘，心中納悶：「怎麼洗了杯子和碗以後，沒有隨手清理呢？」

我順口問了大陸的同仁，他們跟我說：「我們不能搶了清潔阿姨的工作，要是我們搶了她的工作，她就沒有工作做了。這是她該做的工作，我們只要倒掉水，渣渣是她應該要處理的，不然阿姨會沒工作做。」

而在臺灣，無論公私立機構，廚房或洗手臺邊出現的公告往往是：「請隨手清掉茶葉渣或廚餘。」甚至還看過提醒「不要造成清潔人員工作負擔」的字眼。對於工作任務和自身的定位攸關的文化脈絡、社會價值，大陸跟臺灣很不同，實際上，這些都跟學校同仁對待孩子的生活教導和身教有關。

身兼媽媽角色的主任

一位從臺灣國小退休的教務主任赴大陸工作，見面時她跟我說：「剛開學的時候，我還要兼一個工作，課輔老師。」我有點納悶的問她為什麼。

她告訴我：「大陸的大學體制，取得證照之後，二十多歲就離鄉背景去外面工作很正常。二十多歲的年輕女性，白天除了要照顧自小離家的學生外，尤其不少大陸家長為了讓孩子接受更好的教育，低齡住宿時有所聞，也確實有。這些年輕的教師白天堅強，往往晚上回宿舍就哭得淅瀝嘩啦，而我就像他們的媽媽一樣，還要安慰這些老師，不要哭，必須輔導他們。」

臺灣老師通常就是如此認定自己的多元角色和責任義務，前述兩件小事也是臺灣與大陸師資培育、教育現場、社會價值和文化差異的體現。

愛。分享

社會價值不同，教育工作者的角色也會有所調整。

唯有前進才不怕被追趕

以前早就聽聞華人世界協和國際學校的名聲和招生迅速，百聞不如一見，於是我動用了周邊的親朋好友引薦，終於在二〇一八年，得以一探究竟。赴大陸前，總覺得臺灣的教育超前大陸，但參訪過協和教育集團之後，確實有些驚艷。

驚豔與經驗學習

拜訪協和集團時，上海虹橋校區是由盧慧文總校長親自接待，幾位重要幹部也都出席陪同，我很驚訝他們如此盛重。

總校長說，協和的每一個校區都有一座古宅，這是創辦人的堅持。協和的創辦人出身教育界，對於辦學這事有許多堅持和看法。集團沒有其他股東只有創辦人，

上海閔行區協和國際學校，古宅位於校園中，成為現代和古文化交錯的校園特色。

協和學校的古宅內部呈現多樣化使用。

2018年上海協和虹橋校區與盧慧文總校長合影。

且採用輕資產方式辦校，這是大陸地區頗盛行的方式，因此在私人辦學上可減少許多成本，無非希望教育不受其他因素干擾，秉持品牌所在。

總校長告訴我：「大陸教育剛開始開放時，都有國際課程，還鼓勵民間辦學，後來因為政策改革，課綱遭遇問題，開始針對國際課程的內容緊縮，因此協和面臨的狀況是，在這個趨勢之下，一般家長希望留學海外，又因為要符應政策、高考（相當於臺灣的大學入學考試）跟國內升學的壓力，所以學校團隊便將兩套課程同時並進，所以老師的專業功力必須要能把這兩套課程加以融合。」我心想，這可是大工程，不是簡單的事！

2019年初再次拜訪協和的另一個萬源校區。

專注做自己，專注於教育

國際教育在兩岸如火如荼的開展，協和集團學校堅持保存中華文化的教導，與國際課程並存，因此他們設立堅強的課程研發團隊以符應政策需要。盧總校長說：「辦學不講什麼勝出不勝出，我們專注自己、專注做教育，我們百分之九十的決策都基於專業判斷。」

這段話著實讓我印象深刻。這次的協和參訪了解這所已二十七年學校集團的核心經營項目，他們專注在課程研究、教學研究、綜合素養、行政管理、內部訪學團、師徒實習制。總校長也補充說道：

「可以用三個關鍵詞來描述我們的核心價值，那便是引領、管理與服務。」引領是理念上的對齊，從集團層面確定教育的價值核心；管理是一種制度上的支持；服務是資源的整合與共享。

臺灣也有集團式的辦學機構，聘用優秀的校長到私校服務，但一所學校的定位不該只是校長的個人理想實踐，其中的一個關鍵是總部定位每一校區的任務，每一校區具有的相對特色且保有發揮的可能。盧總校長提及在分享交流之下，仍讓學校保有話語權，因為倘若不考量在地文化、家長期待或是當地政策，完全「標準化」的風險是官僚。集團總部將適合的資源放在一個平臺上，而各校區盡量選擇適合自己的內容就好，總部則要確保這些提供給校區選擇資源的品質和合作是否可行。

這次的參訪加上我曾在私立教育集團服務的工作經驗，我認為集團與學校之間的評估也是雙向的：集團會定期評估學校的辦學績效，學校也會定期評估集團「服務」，這樣才可能建立雙方合作與確保教育品質。

協和集團學校讓我看到華人教育的另一種高度和格局，之前認知的臺灣教育超前優質，在這一波教育優質取經的浪潮下不斷受到挑戰。協和一點也不藏私的告訴我們教育同業遭遇的問題和核心價值，不設牆的有問必答，總校長說：「我們不怕學習，因為我們要持續前進，歡迎任何問題或要交流的主題，這樣一來，我們都可以持續前進，一起為教育而努力！」

基本的教育價值引領教育人看待辦學未來和決策的角度，教育永遠都是分享和交流，以不怕他人學習為圭臬！

愛。分享

教育最棒的是分享和交流，不怕別人超越你，向優秀他人學習。

結語

那天，照護員傳給我一個Line截圖，打開是爸爸的親筆字跡，是爸爸為這本書寫了些對女兒的話。照護員說：「楊小姐，這些文字可能不是你要的，但楊伯伯真的努力了一個多月。」爸比，不管你寫什麼給小蓮（我的小名）都是這本書和我的動力來源。

直路好走、彎路費力，什麼樣的能量、勇氣能讓人選擇上上下下的迤邐彎路，而不走回頭路選擇一直前行？

「勇氣」不是天生的，也非全然後天型塑，而是歷程養成的，還要帶點傻氣特質。因為憨、傻、純真，也就無所畏懼。但這群跟我一樣聰明愛作夢的傻子們和在各個崗位上為社會努力的教育人員，是因為有你們，我們才實踐了許多承諾和夢想。

彎路讓我們看到更多人生的秘境、新路和不可預期的驚喜，希望大家從背光的風景裡看到自己，向光的風景中看到希望夢想！

附錄：

大陸辦學點滴，文化認知停看聽

自二〇一三年開始，我在兩岸和香港間移動，分別接觸了公立學校、民辦國際學校、幼兒園等。兩岸的教育文化反映在評鑑和規範體制就有頗多差異，例如學校工程建設的差異，審批流程繁冗、審批單位眾多、新制下達費時、審批多需業主自理、須繳交高額規費、各省各區對於法規標準不一，尚無法找到完全統一標準。

參與兩岸學術研討、論壇時，聽到各省、香港地區對於教育的期望，整理之後有幾點提供給有意到大陸辦學的夥伴思考。

辦學最重要的師資，各辦學者除透過自己的招師策略外，也透過獵人頭公司委託延攬招聘教師與辦學人才，知道其他學校成功的方式，並且願意付更高的代價，包含金錢、職位，努力的學習對手成功的模式，發

2017年兩岸三地北京校長論壇

展出更為不一樣的策略，尤其是國小班導師的班級經營不同於臺灣的師培制度，大陸地區是分科制，高中可教國中小、國中老師可教國小，這點與臺灣不同。而且外籍師資的招聘極為競爭，並不只是大陸區競爭，而是要跟全世界搶外師。

低齡留學是近日大陸地區教育經常討論的議題，相關媒體和座談也在檢討孩子就讀國外大學後遭退學或不適應的狀況。太早出國就讀往往會有語言低估、人際關係、無法自主管理、學習動機弱、面對挫折抗壓性低、心理問題、獨立生活、文化環境適應、無法參與社團等問題，尤其要面對文化生態迥異的國家，孩子和家庭對上述問題的準備度和成熟度都非常重要。

目前華人區戶外探索課程興起，也深信在這樣的課程下，能給孩子許多真實的挑戰和性格學習，然而大陸學生戶外教育受限不少且經驗尚不足。倘要辦理戶外學習活動限制也多，此外因為旅遊地區人數多，也不易尋得合適地點。倘若選擇不跨省而在當地辦理，又因為缺乏戶外配套設施，安全設施設備不足，露營場地設施較陽春，戶外教育人才沒到位，規劃類似臺灣腳踏車或徒步路線挑戰不足，合適場地距離遙遠又可能跨省。

此外，大陸地區較注重家長的知覺價值與機構的硬體設備以及價格之間的差異，因此大陸民間辦學的硬體設備為基本配備，也因為如此，進入大陸辦學的成本，包括有形成本與無形成本以及潛藏的高度風險，都需要加以考量。

因為孩子的教養學習認知兩岸文化差異，使得孩子在成長過程中所產生的狀況、或是抗壓性等皆有更多挑戰，民辦學校即使為國際辦學仍需要關注在階段性的學習輔導、升學輔導、心理輔導等多樣性項目，孩子才能在完整的教育階段獲得全方位的支持和扶助。在地化經營要學習在地思維模式，並持續保有市場開拓能力，拉大與後段學校的距離，即使順利引進臺灣的教育思維和課程理念，文化的融入和管理陸籍員工，仍是非常重要也需要謹慎處理的一環。因為這畢竟不是在自己熟悉的文化場域，謹慎而行啊！

國家圖書館出版品預行編目(CIP)資料

不回頭的勇氣：從小學老師到創辦學校，不怕走彎路的教育人生 / 楊傳蓮著. -- 初版. -- 臺北市：商周出版：英屬蓋曼群島商家庭傳媒股份有限公司城邦分公司發行, 2021.03
面；　公分. -- (商周教育館；44)
ISBN 978-986-5482-01-5(平裝)

1. 楊傳蓮 2. 臺灣傳記

783.3886　　110002266

商周教育館 44

不回頭的勇氣

從小學老師到創辦學校，不怕走彎路的教育人生

作　　者／楊傳蓮
責任編輯／黃靖卉
企畫選書／黃靖卉

版　　權／黃淑敏、吳亭儀、邱珮芸
行銷業務／周佑潔、黃崇華、張媖茜
總 編 輯／黃靖卉
總 經 理／彭之琬
事業群總經理／黃淑貞
發 行 人／何飛鵬
法律顧問／元禾法律事務所 王子文律師
出　　版／商周出版
台北市 104 民生東路二段 141 號 9 樓
電話：(02) 25007008　傳真：(02)25007759
blog: http://bwp25007008.pixnet.net/blog
E-mail:bwp.service@cite.com.tw
發　　行／英屬蓋曼群島商家庭傳媒股份有限公司城邦分公司
台北市中山區民生東路二段 141 號 2 樓
書虫客服服務專線：02-25007718；25007719
服務時間：週一至週五上午 09:30-12:00；下午 13:30-17:00
24 小時傳真專線：02-25001990；25001991
劃撥帳號：19863813；戶名：書虫股份有限公司
讀者服務信箱：service@readingclub.com.tw
城邦讀書花園：www.cite.com.tw
香港發行所／城邦（香港）出版集團
香港灣仔駱克道 193 號東超商業中心 1F　E-mail：hkcite@biznetvigator.com
電話：(852) 25086231　傳真：(852) 25789337
馬新發行所／城邦（馬新）出版集團【Cite (M) Sdn Bhd】
41, Jalan Radin Anum, Bandar Baru Sri Petaling,
57000 Kuala Lumpur, Malaysia.
Tel: (603) 90578822　Fax: (603) 90576622　email:cite@cite.com.my

封面設計／徐璽設計工作室
版型設計與排版／洪菁穗
印　　刷／中原印刷事業有限公司

■ 2021 年 3 月 9 日初版一刷　　Printed in Taiwan
定價 300 元

城邦讀書花園
www.cite.com.tw
　ISBN 978-986-5482-01-5

商周出版

廣	告	回	函
北區郵政管理登記證			
北臺字第000791號			
郵資已付，免貼郵票			

104　台北市民生東路二段141號2樓

英屬蓋曼群島商家庭傳媒股份有限公司城邦分公司　收

請沿虛線對摺，謝謝！

商周出版

書號：BUE044　　書名：不回頭的勇氣　　編碼：

請於此處用膠水黏貼

商周出版

讀者回函卡

感謝您購買我們出版的書籍！請費心填寫此回函卡，我們將不定期寄上城邦集團最新的出版訊息。

不定期好禮相贈！
立即加入：商周出版
Facebook 粉絲團

姓名：______________________ 性別：☐男 ☐女

生日：西元__________年__________月__________日

地址：______________________

聯絡電話：______________ 傳真：______________

E-mail ：

學歷：☐ 1. 小學 ☐ 2. 國中 ☐ 3. 高中 ☐ 4. 大學 ☐ 5. 研究所以上

職業：☐ 1. 學生 ☐ 2. 軍公教 ☐ 3. 服務 ☐ 4. 金融 ☐ 5. 製造 ☐ 6. 資訊
☐ 7. 傳播 ☐ 8. 自由業 ☐ 9. 農漁牧 ☐ 10. 家管 ☐ 11. 退休
☐ 12. 其他______________

您從何種方式得知本書消息？

☐ 1. 書店 ☐ 2. 網路 ☐ 3. 報紙 ☐ 4. 雜誌 ☐ 5. 廣播 ☐ 6. 電視
☐ 7. 親友推薦 ☐ 8. 其他______________

您通常以何種方式購書？

☐ 1. 書店 ☐ 2. 網路 ☐ 3. 傳真訂購 ☐ 4. 郵局劃撥 ☐ 5. 其他______

您喜歡閱讀那些類別的書籍？

☐ 1. 財經商業 ☐ 2. 自然科學 ☐ 3. 歷史 ☐ 4. 法律 ☐ 5. 文學
☐ 6. 休閒旅遊 ☐ 7. 小說 ☐ 8. 人物傳記 ☐ 9. 生活、勵志 ☐ 10. 其他

對我們的建議：______________________

【為提供訂購、行銷、客戶管理或其他合於營業登記項目或章程所定業務之目的，城邦出版人集團（即英屬蓋曼群島商家庭傳媒（股）公司城邦分公司、城邦文化事業（股）公司），於本集團之營運期間及地區內，將以電郵、傳真、電話、簡訊、郵寄或其他公告方式利用您提供之資料（資料類別：C001、C002、C003、C011 等）。利用對象除本集團外，亦可能包括相關服務的協力機構。如您有依個資法第三條或其他需服務之處，得致電本公司客服中心電話 02-25007718 請求協助。相關資料如為非必要項目，不提供亦不影響您的權益。】

1.C001 辨識個人者：如消費者之姓名、地址、電話、電子郵件等資訊。
2.C002 辨識財務者：如信用卡或轉帳帳戶資訊。
3.C003 政府資料中之辨識者：如身分證字號或護照號碼（外國人）。
4.C011 個人描述：如性別、國籍、出生年月日。

請於此處用膠水黏貼